UM PRESENTE DE

PARA

DATA

JOHN BEVERE

CORAGEM

50 DEVOCIONAIS PARA UMA FÉ OBSTINADA E FORTE

Copyright ©2023 por John Bevere
Todos os direitos reservados por Vida Melhor Editora LTDA.

As citações bíblicas são da Nova Versão Internacional (NVI), da Bíblica, Inc., a menos que seja especificada uma outra versão da Bíblia Sagrada.

Os pontos de vista desta obra são de responsabilidade de seus autores e colaboradores diretos, não refletindo necessariamente a posição da Thomas Nelson Brasil, da HarperCollins Christian Publishing ou de suas equipes editoriais.

Publisher	Samuel Coto
Coordenador editorial	André Lodos Tangerino
Editora	Brunna Prado
Produção editorial	Gisele Romão da Cruz
Tradução	Elen Canto
Preparação	Emanuelle Malecka
Revisão	Nilda Nunes
Diagramação	Patrícia Lino
Adaptação de capa	Luna Design

Dados Internacionais de Catalogação na Publicação (CIP)
(BENITEZ Catalogação Ass. Editorial, MS, Brasil)

B85c
1.ed.

Bevere, John
ed. Coragem: 50 devocionais para uma fé obstinada e forte / John Bevere; tradução Elen Canto. – 1. ed. – Rio de Janeiro: Thomas Nelson Brasil, 2024.
192 p.; 14,6 × 19,7 cm.

Título original: Everyday courage: 50 devotions to build a bold faith
ISBN 978-65-56897-31-8

1. Devoção a Deus. 2. Devoções diárias - Cristianismo. 3. Escrituras cristãs. 4. Literatura devocional. 5. Palavra de Deus. 6. Vida espiritual – Cristianismo. I. Título.

01-2024/72 CDD 242

Índice para catálogo sistemático:
Fé : Cristianismo 234.23

Aline Graziele Benitez – Bibliotecária – CRB-1/3129

Thomas Nelson Brasil é uma marca licenciada à Vida Melhor Editora LTDA.
Todos os direitos reservados à Vida Melhor Editora LTDA.
Rua da Quitanda, 86, sala 601-A — Centro
Rio de Janeiro — RJ — CEP 20091-005
Tel.: (21) 3175-1030
www.thomasnelson.com.br

Dedicado a nossos lindos netos:

Asher Alexander, Sophia Grace, Lizzy Hope, Augustus Michael, Scarlett Elizabeth e Azariah Jacks.

A nosso neto que agora está se alegrando na presença de Jesus e a nossos futuros netos!

Que vocês continuem amando e temendo ao Senhor.

Sumário

Introdução XI

PARTE 1: QUANDO VOCÊ PRECISA DE CORAGEM PARA ENFRENTAR OS MEDOS 1

Dia 1: Uma cura para o caos 2
Dia 2: Rejeite o medo da rejeição 5
Dia 3: Seguir a Cristo custe o que custar 9
Dia 4: Coragem quando é necessário 12
Dia 5: Combata os temores destrutivos 16
Dia 6: Livre do medo 19
Dia 7: Expulse todos os outros temores 23
Dia 8: Faça o que ele ordenar 26
Dia 9: Busque a Palavra de Deus 28
Dia 10: Esteja armado e pronto 32

PARTE 2: QUANDO VOCÊ PRECISA DE CORAGEM PARA SUPERAR 37

Dia 11: Combata o desânimo 38
Dia 12: Proclame a verdade 41
Dia 13: Prepare-se para as tempestades 43
Dia 14: Seja forte e corajoso 47
Dia 15: Força para resistir 51

Sumário

Dia 16: Permaneça firme na Rocha — 54
Dia 17: Cuidado com o orgulho — 58
Dia 18: Seja transformado — 61
Dia 19: Força em tempos difíceis — 64
Dia 20: Supere a derrota — 68

PARTE 3: QUANDO VOCÊ PRECISA DE CORAGEM PARA ENFRENTAR O DESCONHECIDO — 71

Dia 21: Descubra o caminho de Deus para você — 72
Dia 22: Confie na provisão dele — 76
Dia 23: Obedecer a Deus por inteiro — 79
Dia 24: Grandes recompensas — 82
Dia 25: Ore com coragem — 86
Dia 26: Espere com paciência no deserto — 89
Dia 27: Direção no deserto — 92
Dia 28: Intimidade ou idolatria — 95
Dia 29: Construa um alicerce firme — 98
Dia 30: Confie no Senhor — 101

PARTE 4: QUANDO VOCÊ PRECISA DE CORAGEM PARA VIVER COM UMA FÉ OUSADA — 105

Dia 31: Manifeste-se — 106
Dia 32: Não desista — 108
Dia 33: Ame o que Deus ama — 112
Dia 34: Nade contra a maré — 115
Dia 35: Passe pelo fogo — 119
Dia 36: Manifeste a verdade de Deus — 122

Sumário

Dia 37: Compreenda o amor do Senhor   125
Dia 38: Continue seguindo   129
Dia 39: Medite na Palavra   132
Dia 40: Uma presença forte e poderosa   135

PARTE 5: QUANDO VOCÊ PRECISA DE CORAGEM PARA CONHECER E REVERENCIAR A DEUS COMPLETAMENTE   **139**

Dia 41: Cause uma boa impressão   140
Dia 42: O tesouro mais valioso   142
Dia 43: Busque a santidade   146
Dia 44: Prepare-se diariamente   149
Dia 45: Contemple a grandeza de Deus   152
Dia 46: Viva o que você canta   156
Dia 47: Alegria e contentamento   158
Dia 48: Maravilhe-se na presença de Deus   161
Dia 49: Busque a amizade de Deus   165
Dia 50: Termine bem   168

Notas   172
Agradecimentos   176
Sobre o autor   177

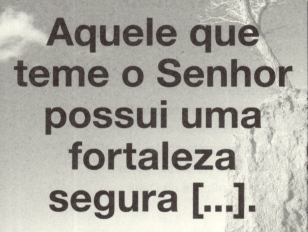

Aquele que teme o Senhor possui uma fortaleza segura [...].

PROVÉRBIOS 14:26

Introdução

Vamos falar sobre coragem.

Vivemos em um mundo em que a ansiedade e a raiva são generalizadas. As pessoas vivem estressadas e preocupadas, e até as igrejas estão temerosas. Nossa cultura do cancelamento silencia os não conformistas, enquanto nossa cultura cristã muitas vezes cede aos valores do mundo. Todos os dias há homens e mulheres que saem da igreja ou que se recusam a falar a verdade bíblica.

Na Bíblia lemos que quem teme ao Senhor está seguro e nada temerá (cf. Salmos 112:8). Durante anos, os patriarcas e as matriarcas da igreja afirmaram que o temor a Deus absorve todos os outros medos, inclusive o mais destrutivo: o temor ao homem. O temor a Deus fortalece e encoraja nossa fé para permanecermos fiéis a ele. Para simplificar, nossa coragem aumenta de acordo com a profundidade de nosso temor a Deus. Minha esperança é que este livro inspire uma coragem que não falhará, não importa a dificuldade.

Há trinta anos, quando era um jovem que lutava contra a intimidação, e muitas vezes sucumbia a ela, comecei uma jornada para descobrir o significado do temor sagrado. No processo, minha coragem cresceu tanto que impressionou não apenas a mim, mas também minha família e amigos. O segredo era o temor ao Senhor, o combustível que impulsionava a coragem. Descobri que servimos a quem tememos. Se temermos a Deus, iremos obedecer-lhe; se temermos ao homem, acabaremos obedecendo aos desejos dos homens.

Introdução

Durante a jornada aprendi como a virtude de temer ao Senhor pode transformar a vida em algo belíssimo.

Antes de começarmos, quero esclarecer que temer ao Senhor não significa ter medo de Deus. O Criador deseja ter um relacionamento de intimidade com cada um de nós, e não é possível ter intimidade com alguém de quem temos medo. A pessoa que *tem medo* de Deus tem algo a esconder; quem *teme* a Deus não tem nada a esconder. É como se ela tivesse medo de se *afastar* de Deus.

Explorei esta mensagem em profundidade no livro *The Awe of God* [O temor a Deus], e agora quero partilhar com você um pouco do que aprendi sobre coragem durante minha jornada. Oro para que isso o fortaleça neste momento e no que está por vir. Eu creio que estamos vivendo dias em que os grandes heróis do Reino se manifestarão. E creio que você é um deles!

Os antigos heróis do Reino tiveram grandes vitórias mediante a fé. No entanto, por obedecerem a Deus, muitos foram ridicularizados, torturados, presos, exilados ou rejeitados. Por quê? Porque viviam em um mundo caído hostil ao reino de Deus (Hebreus 11:36-39). Mas todos eles tinham algo em comum: por causa de seu santo temor, não se desviavam da obediência, mesmo que resultasse em sofrimento. Eles confiaram nesta promessa: "Aqueles que semeiam com lágrimas, com cantos de alegria colherão. Aquele que sai chorando enquanto lança a semente, voltará com cantos de alegria, trazendo os seus feixes" (Salmos 126:5-6).

Introdução

Trata-se do mesmo tipo de confiança da qual precisamos diariamente. Precisamos de coragem para obedecer aos mandamentos de Deus, para vencer o desânimo, para permanecer em sua presença.

Jesus pediu para os discípulos o seguirem. Todos os dias, ele convida você e eu a fazermos o mesmo! Então vamos segui-lo e descobrir a coragem diária que ele nos dá.

PARTE 1

Quando você precisa de coragem para enfrentar os medos

DIA 1

Uma cura para o caos

"Tenham coragem! Sou eu. Não tenham medo!"

CF. MATEUS 14:27

Imagine esta cena: de madrugada, você e seus companheiros estão no meio do mar agitado. O vento sopra com fúria, e as ondas batem no barco. Vocês estão "em dificuldades" (Mateus 14:24, NBVP), e todos os seus companheiros sabem disso. Como se isso não bastasse, de repente todos os que estão a bordo veem um ser estranho andando sobre as águas. Vocês não sabem se é um espírito ou uma pessoa, mas certamente não é possível que seja uma pessoa, pois ninguém jamais fez algo assim.

Apavorados, você e seus companheiros gritam de medo: "É um fantasma!" O misterioso vulto sobre as águas responde: "Tenham coragem! Sou eu. Não tenham medo!" (v. 26-27). Consegue imaginar Jesus lhe dizendo essas palavras em um momento aterrorizante?

Esse não é um exemplo de temor a Deus, mas, sim, de um espírito do medo. O temor ao Senhor, como veremos, é bem diferente.

O que você pensa ao ouvir a expressão "temor a Deus"? Parece um jargão do Antigo Testamento que não tem a ver com nossos dias? Ou evoca imagens de pessoas fugindo de um Deus santo e onipotente

Uma cura para o caos

que é fogo consumidor? Você imagina o povo implorando para entrar na arca de Noé assim que começou a cair uma chuva torrencial, ou as cidades de Sodoma e Gomorra em pânico ao serem destruídas por causa da perversidade?

Embora todas essas pessoas certamente temessem o juízo e a ira de Deus, temer ao Senhor não significa sentir medo de Deus. Também não se trata de um termo arcaico exclusivo do Antigo Testamento.

O temor ao Senhor é o que protege nosso espírito e nossos pensamentos nos dias em que o mundo parece estar imerso no caos. Ele é completamente relevante para nossa vida atual, neste momento em que nos encontramos.

A maioria das pessoas não gosta de ouvir a palavra *temor*. Mas não devemos confundir o temor a Deus com a sensação de medo. A Bíblia diz que aperfeiçoamos a santidade no temor ao Senhor e que exercemos nossa salvação com temor e tremor (cf. 2Coríntios 7:1; Filipenses 2:12).

O que os discípulos tiveram ao ver alguém andando sobre as águas foi a sensação de medo. Mas e o desejo de Maria Madalena de estar com Jesus após a crucificação, mesmo diante do perigo? Tratava-se de uma pessoa com temor a Deus.

Mesmo após testemunhar a devastação da morte de Jesus na cruz — o mesmo Jesus que a libertara da possessão demoníaca —, Maria continuou fiel a ele e ansiava estar com ele, ainda que isso significasse ir até o túmulo para lhe dar o devido sepultamento. Entretanto, ao chegar, ela encontrou um túmulo vazio e ficou angustiada, acreditando que alguém havia levado o corpo de Jesus. Um homem no túmulo perguntou a ela: "Mulher, por que você está chorando?" (cf. João 20:13).

A princípio, Maria pensou que fosse um jardineiro, mas então ele a chamou pelo nome: "Maria!" (v. 16).

Lá estava Jesus, diante dela. Maria moveu-se para abraçar seu Senhor, não querendo que ele fosse embora. Ela desejava desesperadamente estar na presença dele e foi recompensada por sua devoção ao se tornar a primeira pessoa a ver o Salvador ressuscitado.

Apesar do caos resultante da morte de Cristo na cruz, um período em que os seguidores dele provavelmente sentiram medo, Maria não fugiu de Jesus. Em vez disso, ela correu para ele. É o exemplo dela que precisamos seguir em meio à loucura dos tempos atuais. Deus deu a Maria a coragem de proclamar: "Eu vi o Senhor!" (v. 18), e ele também dará essa coragem a você.

Querido Pai celestial,
O Senhor anseia por nossos anseios. Que eu corra para teus braços em meio ao caos de nossos tempos. Dá-me forças para seguir tua vontade em minha vida e enche-me com o teu Espírito. Em nome de Jesus Cristo, amém.

DIA 2

Rejeite o medo da rejeição

O temor aos homens gera ciladas, mas quem confia no Senhor está seguro.

PROVÉRBIOS 29:25

No início do ministério, enquanto trabalhava na igreja local, eu era extremamente ligado ao temor ao homem. Não percebia o quanto estava escravizado até que o Espírito Santo expôs meu coração. Atuando em uma posição de destaque em nossa megaigreja, eu tinha contato com muitas pessoas e estava sempre pronto para elogiar, mesmo que não fosse sincero. Eu odiava o confronto e o evitava como se fosse uma praga. Ficava feliz e satisfeito ao ouvir relatos de que era um dos homens mais amorosos da igreja.

Um dia, ouvi o Senhor me dizer: "John, as pessoas dizem que você é um homem amoroso e bom." Mas a maneira como Deus falou ao meu coração não parecia confirmar isso.

"Sim, é o que dizem" respondi, cautelosamente.

Deus me perguntou: "Você sabe por que diz coisas aguardáveis e lisonjeiras, mesmo não sendo verdade?"

"Por quê?"

"Porque você tem medo de ser rejeitado. Então, quem é o foco de seu amor: você ou as pessoas? Se você realmente as amasse, falaria a verdade e não mentiria, mesmo que isso lhe custasse a rejeição."

Fiquei atônito. Todos os outros me consideravam um homem amoroso, mas a verdade oculta era outra. Meus motivos eram autopromoção, autoproteção e autogratificação. Meu comportamento era hipócrita.

O temor ao Senhor é um dom de Deus que mantém nossos motivos e nossas intenções sob controle e nos protege da hipocrisia, pois nos alerta sobre pensamentos, palavras ou ações decorrentes do temor ao homem, o que muitas vezes leva à falsidade.

A história de Ananias e Safira em Atos 5 é um exemplo disso.

Nos primórdios da igreja cristã, os crentes partilhavam bens para cuidar uns dos outros. Muitas vezes vendiam terras ou casas e doavam os lucros aos necessitados. Ananias e sua esposa, Safira, faziam parte desse grupo, e as Escrituras nos dizem que eles venderam uma propriedade, mas ficaram com parte do dinheiro para si.

"É dinheiro demais para doar", justificaram. "Mas queremos que *pareça* que estamos doando tudo. Então vamos dar apenas uma parte e dizer que é tudo o que recebemos."

O casal não considerou que Deus podia ver o que se passava no coração e na mente deles, que o Senhor sabia o que eles estavam fazendo. E isso lhes custou a vida: ambos foram sepultados naquele dia!

A ruína de Ananias e Safira não foram suas ações, mas sim a motivação delas. Eles estavam *projetando* uma imagem falsa para

O temor ao Senhor é um dom de Deus que mantém nossos motivos e nossas intenções sob controle.

impressionar a comunidade. É algo fácil de fazer, mesmo para os cristãos.

Por que dizemos ou fazemos essas coisas? O que nos motiva quando estamos perto de outros? Lembre-se de que nossa única proteção contra qualquer forma de hipocrisia é o temor a Deus. Não esconderemos o pecado se temermos mais a Deus do que as opiniões dos homens.

Querido Pai celestial,
Perdoa-me por me preocupar mais com o que os outros pensam do que com o que o Senhor pensa. Ajuda-me a me concentrar nos teus desejos, não no conforto temporário. Que a tua Palavra tenha mais valor para mim do que as palavras dos homens. Em nome de Jesus, amém.

DIA 3

Seguir a Cristo custe o que custar

> O temor do Senhor é fonte de vida para desviar das armadilhas da morte.
>
> PROVÉRBIOS 14:27

Uma coisa é encontrar a Jesus Cristo e segui-lo. Outra coisa é continuar seguindo-o, mesmo que isso implique a morte certa.

O discípulo André é um bom exemplo disso. Embora haja pouca coisa escrita sobre ele, André se destaca por ser o primeiro discípulo a seguir a Jesus. Nas Escrituras, lemos que ele encontrou o irmão Pedro e anunciou: "Achamos o Messias" (João 1:41-42). André estava querendo dizer: "Achamos o Ungido" — o Sacerdote perfeito, o Profeta perfeito e o Rei perfeito.

Assim como a maioria dos discípulos, André fugiu para salvar a própria vida na noite em que Jesus foi preso. No entanto, esse ato de covardia não o definiria. Após a ressurreição de Jesus, André pregou na Etiópia, que estava sob o domínio romano e era uma grande ameaça aos discípulos de Cristo.[1] Enquanto André pregava na Grécia, o governador ordenou que ele parasse. Ao recusar, ele foi condenado à morte por crucificação. O discípulo pediu para ser pendurado em uma cruz em formato de X, pois não se sentia digno de morrer em uma cruz semelhante à de Jesus.

Segundo o registro histórico, André disse estas palavras enquanto era levado à morte: "Ó cruz, tão bem-vinda e desejada! Disposto, alegre e de bom grado, venho até você, sendo o estudioso daquele que se apegou a você, porque sempre a amei e ansiava por abraçá-la."[2]

Não era o mesmo homem que fugiu para salvar a própria vida quando Jesus foi preso. André havia mudado. Na verdade, todos os discípulos que fugiram, exceto João, acabaram mortos por causa de seu testemunho sobre Jesus Cristo. Deus lhes concedeu o privilégio e a coragem para enfrentar exatamente as coisas das quais fugiram.

É reconfortante saber que Deus pode transformar nossos fracassos em vitórias. Como Filipenses 1:6 declara: "Estou convencido de que aquele que começou boa obra em vocês, vai completá-la até o dia de Cristo Jesus." Embora provavelmente nunca enfrentaremos algo tão terrível quanto o que André teve de suportar, ainda podemos ser fortalecidos com a mesma coragem que o nutriu. Quando buscarmos a vontade de Deus e pedirmos por essa força, o Senhor nos capacitará, por sua graça, para termos ousadia em qualquer circunstância.

Seguir a Cristo custe o que custar

*Querido Pai celestial,
Encoraja-me a andar na força que o Senhor concede a teus servos. Ajuda-me a ser uma testemunha de tua glória. Perdoa-me pelos momentos em que tive medo e me preocupei com as dificuldades da vida. Capacita-me a te seguir sempre. Em nome de Jesus, amém.*

DIA 4

Coragem quando é necessário

Todos esses morreram na fé sem terem recebido as promessas; viram-nas de longe e de longe as saudaram [...]. O mundo não era digno deles. [...]

HEBREUS 11:13,38

Na cidade africana de Cartago, por volta do ano 203 d.C., um procurador romano (semelhante a um advogado dos dias atuais) enfrentou uma jovem presa e exigiu que ela oferecesse um sacrifício pelo bem-estar dos imperadores.

"Não oferecerei", contestou ela.

Vibia Perpétua, de 22 anos, era mãe de primeira viagem e vinha de uma família próspera de Cartago. Em uma cidade onde o cristianismo era proibido, o procurador fez uma pergunta fatal.

"Você é cristã?"

"Eu sou", respondeu Perpétua.

Porque o pai implorava para que ela retratasse a afirmação, a autoridade romana ordenou que ele fosse espancado com uma vara e depois proferiu a sentença contra Perpétua e os amigos dela.

Coragem quando é necessário

Como ela escreveu em seu diário: "Fomos condenados às feras e voltamos para a prisão animados."[1]

Você consegue imaginar ter tanta coragem? Mesmo sabendo que eles estavam prestes a ser levados à arena romana para serem devorados por animais selvagens, Perpétua e seus amigos continuaram "animados". Eles mantiveram a fé até o fim.

Levada ao anfiteatro, despida e vestindo apenas uma rede, Perpétua foi atacada primeiro por um touro selvagem e depois esfaqueada por um gladiador, mas continuou viva. Ela guiou a mão do gladiador novato até o próprio pescoço para que ele concluísse o trabalho. Perpétua não temeu a morte; ela a abraçou.

Perpétua tinha a mesma fé ousada que encontramos no *hall* da fama da fé de Hebreus 11: uma lista de nomes bem conhecidos, como Abraão, Sara, Isaque, Jacó, José e Moisés. Os israelitas não somente tiveram fé ao marchar através do mar Vermelho para escapar dos egípcios que os perseguiam, como também tiveram fé quando marcharam ao redor de Jericó por sete dias até as muralhas desabarem.

Que tipo de fé foi necessária para que homens como Gideão, Sansão, Davi e Daniel destruíssem reinos, fechassem a boca dos leões e escapassem da morte pela espada? Como conseguiram ser torturados e ainda assim recusaram se afastar de Deus para serem libertos? Como aqueles homens e mulheres suportaram humilhações, espancamentos e prisões? Alguns acabaram apedrejados, outros serrados ao meio e outros mortos à espada.

O que todos esses santos tinham em comum? Nenhum deles se sentia em casa aqui na terra.

Hebreus 11:13,16 resume o segredo de toda a bravura deles:

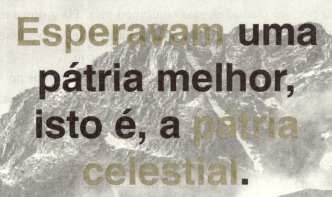

Esperavam uma pátria melhor, isto é, a pátria celestial.

HEBREUS 11:16

Coragem quando é necessário

Todos esses morreram na fé sem terem recebido as promessas; viram-nas de longe e de longe as saudaram, reconhecendo que eram estrangeiros e peregrinos na terra. [...] Em vez disso, esperavam uma pátria melhor, isto é, a pátria celestial [...].

Antes de ser enviada para a arena, Perpétua escreveu estas palavras: "Percebi que não seria contra animais selvagens que eu lutaria, e sim contra o Diabo, mas sabia que teria a vitória."

Ela sabia que esta terra não era seu lar; sua casa ficava diante do trono de Deus. É onde nossa casa também está.

Querido e gracioso Pai celestial,
Sei que o Senhor tem para nós algo muito melhor do que este mundo. Graças sejam dadas a ti pelos exemplos dos heróis da fé que peregrinaram pelos desertos, fugiram para as montanhas e se esconderam em cavernas em favor de teu Reino. Esses heróis eram bons demais para este mundo. Dá-me a coragem que o Senhor deu a eles. Em nome de Jesus, amém.

DIA 5

Combata os temores destrutivos

Fortifique-se na graça que há em Cristo Jesus.
CF. 2TIMÓTEO 2:1

Qual é o seu maior medo? Perder todos os seus bens materiais? Perder um ente querido? Você tem medo de ficar de fora (FOMO, da sigla em inglês *Fear of missing out*)? Ou teme pela segurança de seus filhos? Esses medos apenas levam à destruição prejudicial e desnecessária.

O temor a Deus erradica todos os outros temores destrutivos, além de melhorar nossa vida, tanto agora como eternamente, iluminando o caminho para uma vida boa e plena.

Se já houve uma geração com motivos para ter medo, é esta. Muitos dos acontecimentos do mundo geram perturbação, confusão e ansiedade. E agora temos a tecnologia para saber de tudo isso. Mas sentir medo não vai ajudar você. Na verdade, ele é paralisante. Eu sei disso porque já aconteceu comigo. Fiquei com medo e ancorado no chão, incapaz de me mover.

Combata os temores destrutivos

Certa vez, estava pregando em outra cidade e, depois que o culto terminou, voltei para o quarto de hotel, onde fui bombardeado por pensamentos. Por alguma razão, tive uma onda de pensamentos sombrios a respeito da morte.

Pensei em um grande pastor que eu acabara de ver.

Três dos filhos dele morreram.

E depois outro pastor temente a Deus me veio à mente.

O filho dele morreu eletrocutado.

Depois vieram os pensamentos sobre um terceiro líder devoto que eu conhecia.

O filho morreu em um acidente de carro.

Outras tragédias envolvendo filhos de pastores continuaram ocupando minha mente.

Quando me sentei à beira da cama e tirei um dos sapatos, meu corpo começou a tremer. Pensei em meus próprios filhos.

E se algo assim acontecer com eles? Se isso pode acontecer com esses grandes pastores, com certeza pode acontecer comigo.

Esse medo me deixou assoberbado e paralisado. Então, o Espírito Santo falou comigo.

John, se você ainda tem medo em relação a alguma coisa, é porque você não a soltou, ela ainda é sua. Você não a colocou aos pés da cruz.

Era verdade. Eu não tinha entregado totalmente os nossos filhos a Deus e, portanto, estava sujeito a medos destrutivos que atacavam minha mente e, por consequência, me paralisavam. Medos que sequer eram realidade. Percebi, naquele momento, que não sou grande o suficiente para proteger meus filhos, pois apenas Deus é.

Pulei da cama, com o sapato na mão, e gritei o mais alto que pude: "Addison não é meu! Austin não é meu! Nem Alec; ele não é meu!" (Arden ainda não havia nascido, mas Deus sabia que eu estava falando de todos os filhos que poderíamos ter no futuro.)

Eu gritei: "Deus, eles são todos teus! Sou apenas um administrador deles. O Senhor pode fazer o que quiser com eles. Não serei possessivo, mesmo que o Senhor os leve para outro lugar do mundo. Mesmo que os leve para o céu. Confiarei em ti e não viverei com medo."

Então fiz uma pausa antes de gritar novamente: "Diabo, você nunca os matará! Você não pode tocá-los. Eles pertencem a Jesus!"

Nunca temi pela vida de meus filhos desde então. Nunca mais. Nem uma vez.

Pegue esses medos destrutivos que você tem e coloque-os aos pés da cruz. Essa é a verdadeira humildade, como lemos na Bíblia: "Portanto, humilhem-se debaixo da poderosa mão de Deus [...]. Lancem sobre ele toda a sua ansiedade, porque ele cuida de vocês" (1Pedro 5:6-7).

Querido Pai celestial,
Ajuda-me a ter ousadia para orar e declarar que tuas promessas e tua vontade se cumprirão. Revela qualquer coisa que eu ainda não entreguei ao Senhor. Perdoa-me pelas áreas às quais ainda me apego e que não estão sob o senhorio de Jesus. Em nome de Jesus, amém.

DIA 6

Livre do medo

O temor do SENHOR conduz à vida: quem teme a ele passa a noite satisfeito, sem que o mal o toque.

PROVÉRBIOS 19:23

Imagine viver sem nenhuma preocupação ou medo. Imagine viver cada momento em paz e confiança. Isso parece impossível para você?

O potencial que temos em Jesus está repleto de possibilidades inimagináveis. O temor ao Senhor nos leva a entregar tudo a Deus e, fazendo isso, temos a vida que muitos outros aspiram. Não é uma vida fácil, isenta de tempestades e tristezas, mas uma vida em que vivemos acima de nosso potencial humano.

Vejamos o exemplo de Sadraque, Mesaque e Abede-Nego, do livro de Daniel. Seiscentos anos antes do nascimento de Cristo, Israel era governado pelo rei Nabucodonosor da Babilônia. Ele levou alguns dos melhores jovens hebreus de volta à Babilônia para serem treinados em sua corte, inclusive Sadraque, Mesaque e Abede-Nego.

O rei Nabucodonosor construiu uma estátua de ouro e ordenou que todos se ajoelhassem para adorá-la quando a música tocasse. Quem não se ajoelhasse e adorasse seria imediatamente lançado numa fornalha crepitante, declarou ele. Logo chegou ao rei a notícia de que esse trio de israelitas não estava cumprindo o decreto: "[Eles] não dão ouvidos a ti, ó rei. Não prestam culto aos teus deuses nem adoram a imagem de ouro que mandaste erguer" (Daniel 3:12).

O rei Nabucodonosor ficou furioso, mas lhes deu uma segunda chance de lhe obedecer e de cumprir o que havia ordenado. Os três jovens o temeram? Nem um pouco.

Eles responderam:

[...] "Ó Nabucodonosor, não precisamos defender-nos diante de ti. Se formos lançados na fornalha em chamas, o Deus a quem servimos pode livrar-nos, e ele nos livrará das tuas mãos, ó rei. Mas, se ele não nos livrar, sabe, ó rei, que não serviremos aos teus deuses nem adoraremos a imagem de ouro que mandaste erguer" (v. 16-18).

Tão incrível coragem gerou uma confiança surpreendente! Eles continuaram calmos e destemidos mesmo depois de serem lançados na fornalha. Mais tarde, saíram ilesos, sem o menor cheiro de fumaça.

Apesar de enfrentarem a morte, não sentiram medo.

Deus é nosso Pai, e o prazer dele é que seus filhos permaneçam corajosos na verdade. Nada lhe agrada mais do que ver seus filhos se apegarem à esperança confiante e à fé inabalável em tempos adversos. Imagine como Deus ficou satisfeito ao ver a coragem de Sadraque, Mesaque e Abede-Nego.

Deus é nosso Pai, e o prazer dele é que seus filhos permaneçam corajosos na verdade.

O apóstolo Paulo teve uma atitude parecida quando se viu diante de uma possível execução.

"[...] Cristo será engrandecido em meu corpo, quer pela vida, quer pela morte. Porque para mim o viver é Cristo, e o morrer é lucro" (Filipenses 1:20-21).

Lembre-se de que o santo temor erradica todos os outros medos destrutivos e nos dá coragem para obedecermos e termos prazer no Senhor, e vivermos segundo o potencial que ele tem para nós.

Querido Pai celestial,
Não consigo imaginar como é estar em uma situação como a de Sadraque, Mesaque e Abede-Nego. Dá-me essa força de santo temor e coragem para confiar no Senhor, não apenas em casos extremos, mas nos desafios que enfrentarei hoje. Perdoa-me pelas vezes em que temi os outros em vez de temer a ti. Em nome de Jesus, amém.

DIA 7

Expulse todos os outros temores

O SENHOR dos Exércitos é quem vocês devem considerar santo. É a ele que vocês devem temer, dele é que vocês devem ter pavor.

ISAÍAS 8:13

"John, você não pode pregar."

As palavras do pastor ecoavam em minha cabeça e não faziam sentido. Fui convidado para ir a Monterrey, no México, para pregar em um culto evangelístico para toda a cidade. Depois de ter chegado cedo ao local, um funcionário do governo, ladeado por dois policiais uniformizados, me disse que naquela noite eu somente poderia falar sobre atividades turísticas e nada mais. O pastor confirmou que a lei dizia que eu não poderia pregar sem autorização se não fosse cidadão. Normalmente, a lei não era aplicada, mas, por alguma razão, o funcionário de alto escalão estava aplicando-a agora.

"Isso pode afetar minha igreja", disse o pastor. "É melhor não deixarmos você pregar."

Saí para orar e pedir que Deus me ajudasse a compreender.

"Pai, sei que o Senhor me enviou aqui. Preciso de tua sabedoria e de teu conselho."

Então Deus me acalmou o suficiente para eu ouvir o que precisava fazer. Quando voltei ao local, o pastor confirmou que Deus havia falado com ele e revelou que eu precisava pregar. Ao ficar diante da grande reunião, não hesitei em proclamar a Palavra.

"Mais cedo, um funcionário do governo ordenou que eu só falasse com vocês sobre atividades relacionadas ao turismo", eu disse à multidão. "Então, esta noite, quero falar sobre o maior turista que já veio ao México. Seu nome é Jesus."

Durante uma hora, preguei sobre Jesus como Senhor e Salvador. Várias pessoas na multidão responderam ao apelo para receber Jesus Cristo como Senhor. O funcionário havia enviado dois policiais de volta ao auditório para garantir que eu não pregasse e para me prender se eu não obedecesse, mas, quando viram as coisas poderosas que Deus estava fazendo e a Palavra proclamada com ousadia, os homens que vieram para me prender foram salvos!

Se o pastor e eu tivéssemos cedido às ameaças do funcionário do governo, ninguém teria sido salvo nem ouviria a mensagem naquela noite, inclusive os policiais enviados para me prender. Deus falou comigo mediante o Espírito Santo e me deu coragem para superar a intimidação exercida contra mim.

Hoje, você provavelmente não ficará em uma situação em que possa ser preso por pregar o evangelho, mas precisa se lembrar desta verdade sempre: você servirá a quem temer. Se temer a Deus, obedecerá a Deus. Se temer o homem, acabará obedecendo aos desejos do homem.

Expulse todos os outros temores

O temor a Deus abre o caminho para uma vida além de tudo que já imaginamos. E é somente quando temos esse santo temor que somos capazes de enfrentar com ousadia qualquer coisa que a vida nos trouxer. Nas palavras de Charles Spurgeon: "O temor a Deus é a morte de todos os outros temores; como um leão poderoso, ele persegue todos os outros medos que estão diante dele."[1]

Querido Pai celestial,
Inspira em mim a ousadia para não temer os outros, somente ao Senhor. Que eu sempre me lembre do que está em Provérbios 29:25: "O temor ao homem gera ciladas [...]." Espírito Santo, grava essas palavras em meu coração. Em nome de Jesus, amém.

DIA 8

Faça o que ele ordenar

"Vocês serão meus amigos, se fizerem o que eu ordeno."
JOÃO 15:14

Hudson Taylor tinha 33 anos quando perambulou pela areia da praia, oprimido pela agonia espiritual, e finalmente aceitou o chamado de Deus.

> Eu disse a ele (Deus) que toda a responsabilidade quanto aos problemas e consequências deveria recair sobre ele; que, como seu servo, cabia a mim obedecer-lhe e segui-lo. Cabia a ele dirigir, cuidar e guiar a mim e aqueles que viessem a trabalhar comigo. Preciso dizer que a paz fluiu imediatamente para meu coração oprimido?[1]

Essa incumbência levou Hudson Taylor à China, onde ele fundou a Missão para o Interior da China e passou mais de cinco décadas no ministério. O trabalho dele ajudou a criar 125 escolas e a levar mais de oitocentos missionários ao país.[2] No entanto, teve suas dificuldades. Taylor suportou muitas perdas terríveis, como doenças, perseguições e até a morte da esposa e de alguns filhos. Contudo, ele compreendeu o que significava seu chamado quando escreveu: "Se não houver

Faça o que ele ordenar

um elemento de risco em nosso trabalho para Deus, não há necessidade de fé."[3]

A fé não vem apenas quando colocamos a confiança em Deus. Ela acontece quando seguimos seus mandamentos. Você sabia que, somente no Novo Testamento, há mais de quinhentos mandamentos? Embora não sejam mandamentos obrigatórios para a salvação, que é um dom gratuito de Deus, glorificamos a Deus ao seguir esses mandamentos.

Hudson Taylor levou a sério as palavras finais de Jesus, conforme registradas em Mateus 28:19-20: "Portanto, vão e façam discípulos de todas as nações, [...] ensinando-os a obedecer a tudo o que eu ordenei a vocês." Taylor diria que a Grande Comissão não era uma opção a ser considerada, mas sim um mandamento a ser obedecido.

Considere o que significa obedecer aos mandamentos de Deus para você. Há instruções divinas que poderiam ter um impacto dramático em sua vida ou na vida de outras pessoas, para a glória de Deus?

Querido Pai de graça,
Agradeço a vida dos heroicos líderes da fé. Mostra-me o que o Senhor deseja para minha vida e ajuda-me a seguir teus mandamentos. Perdoa-me por não obedecer ou mesmo não conhecer os mandamentos que o Senhor tem para mim. Em nome de Jesus, amém.

DIA 9

Busque a Palavra de Deus

Antes de mais nada, saibam que nenhuma profecia da Escritura é de interpretação particular, pois jamais a profecia teve origem na vontade humana, mas homens falaram da parte de Deus, guiados pelo Espírito Santo.

2PEDRO 1:20-21

A coragem vem da Palavra de Deus, e nada fortalecerá mais nosso coração e espírito do que ler os exemplos de fé com temor a Deus que encontramos na Bíblia. Uma dessas histórias incríveis de fé corajosa ocorre pouco antes da conhecida e amada história de Davi e Golias.

Antes que o jovem Davi entrasse em campo para enfrentar o gigante filisteu Golias, Jônatas, o filho do rei, e seu escudeiro demonstraram grande coragem ao atacarem uma tropa inteira de soldados filisteus.

Os israelitas estavam em guerra contra o poderoso exército filisteu e se encontravam em grande desvantagem numérica. "Os filisteus reuniram-se para lutar contra Israel com três mil carros de guerra, seis mil condutores de carros e tantos soldados quanto a areia da praia [...]" (1Samuel 13:5), ao passo que "nenhum soldado de Saul e Jônatas tinha espada ou lança nas mãos, exceto o próprio Saul e Jônatas, o seu filho" (v. 22). Então o rei Saul e os israelitas esperaram com medo, tentando determinar qual seria o próximo passo.

Jônatas, porém, sabia exatamente o que precisava fazer. Em 1Samuel 14, o filho do rei disse ao escudeiro que eles deveriam fazer a perigosa jornada até o exército inimigo. "Vamos ao destacamento daqueles incircuncisos. Talvez o Senhor aja em nosso favor, pois nada pode impedir o Senhor de salvar, seja com muitos, seja com poucos" (v. 6).

O escudeiro de Jônatas compartilhava da mesma fé. "Faz tudo o que tiveres em mente; eu irei contigo" (v. 7). Que fé destemida demonstrada não apenas por Jônatas, mas também pelo homem que carregava a armadura dele!

Depois de uma escalada traiçoeira até o acampamento filisteu, os dois homens derrubaram cerca de vinte inimigos e criaram pânico entre os pagãos. Ao ouvirem que os filisteus estavam correndo para se salvar, os israelitas se juntaram à perseguição, sabendo que Deus os havia salvado.

Aqueles dois homens tinham fé inabalável no poder total de Deus, e o exemplo deles deveria nos revigorar. As Escrituras estão repletas de exemplos tão motivadores, e é por isso que precisamos passar um tempo de qualidade lendo e meditando nas Escrituras.

Vamos admirar, por um momento, a extraordinária Palavra de Deus. Os 66 livros da Bíblia foram escritos em um período de 1.500 anos. Durante esse período, Deus usou mais de quarenta escritores, de três continentes diferentes, que escreveram em três idiomas diferentes. Entre eles havia reis, prisioneiros, soldados, pastores, agricultores e médicos. Ele usou até um cobrador de impostos! Suas palavras foram compiladas ao longo do tempo e da distância, formando um livro perfeitamente harmonizado.[1]

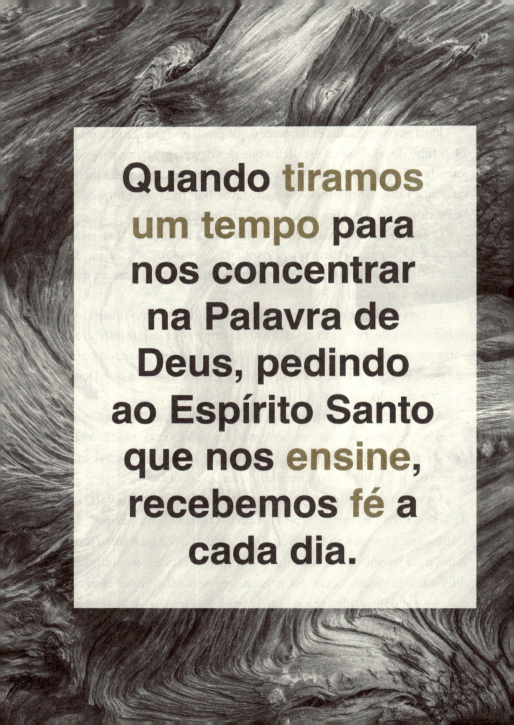

Quando tiramos um tempo para nos concentrar na Palavra de Deus, pedindo ao Espírito Santo que nos ensine, recebemos fé a cada dia.

Busque a Palavra de Deus

Somente Deus poderia fazer algo tão milagroso. E esse milagre vivo está disponível ao nosso alcance a qualquer momento! Quando tiramos um tempo para nos concentrar na Palavra de Deus, pedindo ao Espírito Santo que nos ensine, recebemos fé a cada dia. A fé vem ao ouvir a Palavra de Deus, então abra o seu coração e abra espaço para ela. O rei Davi chamou a Palavra de luz para o caminho, lâmpada para os pés (cf. Salmos 119:105), e ela pode ser uma luz para seu caminho também.

Querido Pai celestial,
Fala comigo mediante tua santa Palavra e enche-me com a mesma coragem que Jônatas e o escudeiro tiveram. No livro de Romanos está escrito que a fé vem pelo ouvir a Palavra, então, à medida que permaneço nas Escrituras diariamente, amplio minha fé. Ajuda-me também a nunca esquecer que a leitura de tua Palavra sob a inspiração do Espírito Santo abrirá meu coração para conhecer o Senhor intimamente. É o que peço em nome de Jesus, amém.

DIA 10

Esteja armado e pronto

Toda a Escritura é inspirada por Deus e útil para o ensino, para a repreensão, para a correção e para a instrução na justiça, a fim de que o homem de Deus seja apto e plenamente preparado para toda boa obra.

2TIMÓTEO 3:16-17

O apóstolo Paulo deu origem e supervisionou o crescimento da enorme igreja em Éfeso, Grécia. Ele esteve diante dos líderes designados para o que ele sabia que seria seu último encontro antes do céu. Eles não tinham telefones, mensagens de texto nem e-mails, então as palavras que o apóstolo lhes deixaria seriam cruciais para o crescimento futuro.

Paulo ressaltava que eles deveriam proteger não apenas a si mesmos, mas também aqueles que lideravam. Mas de quê? Dos falsos líderes e crentes que se misturariam entre eles. Pessoas que professam o cristianismo, mas pervertem habilidosamente a pureza da mensagem de vida de Deus. Ele os alertou sobre esse perigo durante três anos e, finalmente, a responsabilidade total de guardar o rebanho ficaria com eles. Qual foi a instrução final do apóstolo? "Agora, eu

Esteja armado e pronto

os entrego a Deus e *à palavra da sua graça*, que pode edificar e dar a vocês herança entre todos os que são santificados" (Atos 20:32).

Paulo não os entregou apenas a Deus, mas também "à palavra da sua graça". Hoje, a maior proteção contra os perigos desta vida está ao nosso alcance, pronta para nos orientar em todos os aspectos da vida. É o manual de instruções perfeito para viver. No entanto, muitas vezes deixamos de abrir suas páginas e procurar sua sabedoria.

Todos os dias enfrentamos um novo campo de batalha no qual somos testados. Em 2Timóteo 3:15, temos uma boa descrição do que estamos enfrentando:

> Saiba que, nos últimos dias, sobrevirão tempos terríveis. Isso porque homens serão amantes de si mesmos, apegados ao dinheiro, arrogantes, orgulhosos, blasfemos, desobedientes aos pais, ingratos, ímpios, insensíveis, irreconciliáveis, caluniadores, sem domínio próprio, cruéis, inimigos do bem, traidores, impetuosos, soberbos, mais amantes dos prazeres do que amantes de Deus; embora *tenham aparência de piedade*, negam o seu poder. Afaste-se destes também.

Esses impostores professarão a crença em Jesus, mas não viverão de maneira diferente do mundo perdido. Isso descreve corretamente grande parte de nossa cultura de fé ocidental hoje. As mídias sociais estão cheias de pessoas egocêntricas e que querem se autopromover, mas elas professam lealdade a Cristo Jesus. Grande parte do mundo dos negócios é composta por mentalidades de competição e de ganância, enquanto muitos servem na igreja aos fins de semana.

Muitos homens cristãos e uma sólida percentagem de mulheres cristãs veem pornografia regularmente.

Em 1Pedro 4:1-2, Pedro nos instruiu a nos armar para o sofrimento. Você consegue imaginar um exército indo para a guerra sem aviões, navios, tanques, armas, balas, facas, totalmente desarmado? A ideia parece ridícula, assim como é loucura um cristão estar despreparado para o campo de batalha da fé, mas muitos estão.

A maior parte da oposição da igreja primitiva vinha daqueles que professavam conhecer a Deus. Bem, hoje em dia não é diferente. Um cristão desarmado provavelmente evitará as dificuldades em prol da autopreservação, o que inclui o desejo de ser aceito. O temor ao Senhor é o que nos arma, mantendo-nos dispostos a obedecer a Deus, não importa o sofrimento que isso possa acarretar.

Então, como nos armamos? Paulo nos diz no final de 2Timóteo 3: "Toda a Escritura é inspirada por Deus e útil [...] a fim de que o homem de Deus seja apto e plenamente preparado para toda boa obra" (v. 16-17). No entanto, o segredo não é o nosso conhecimento das Escrituras. Há pessoas na igreja que decoram versículos e capítulos da Bíblia, mas, quando se deparam com situações difíceis, procuram proteger-se à sua própria maneira. São cativas do medo do homem.

Não basta apenas ler as Escrituras; devemos adotá-las como nossa maior prioridade e obedecer-lhes.

Esteja armado e pronto

Querido Pai celestial,
Perdoa-me por não me preparar como deveria. Ajuda-me não apenas a ouvir a tua Palavra, mas a obedecer-lhe. Fortalece-me para o que posso vir a enfrentar no mundo hoje. Agradeço por teu amor e tua proteção.
Em nome de Jesus, amém.

PARTE 2
Quando você precisa de coragem para superar

DIA 11

Combata o desânimo

Aleluia! Bem-aventurado aquele que teme ao Senhor e tem grande prazer nos seus mandamentos! [...] Não temerá más notícias; o seu coração está firme, confiante no Senhor. O seu coração está seguro e nada temerá. No final, verá a derrota dos seus adversários.

SALMOS 112:1,7-8

Hoje é o dia em que você apagará o desânimo de sua vida. Uma das maiores batalhas que enfrentamos é o desânimo. Todos nós precisamos lutar contra ele.

Um dia, enquanto orava, o Senhor pediu que eu declarasse, em voz alta, qual é o oposto de coragem.

"Medo, é claro", eu disse.

"Não, é o desânimo", Deus sussurrou.

De repente, vi a palavra *desanimar* sob uma luz totalmente nova! Precisamos ver o desânimo como o oposto da coragem e, portanto, não devemos permitir que ele ocupe nossa mente. No entanto, é algo que toleramos muitas vezes. Não o reconhecemos como inimigo de nossa fé, por isso o nutrimos e protegemos,

Combata o desânimo

nos inclinamos para ele e sentimos pena de nós mesmos quando isso acontece.

Mas por quê? Quando sabemos que Deus é nossa fonte de alegria e de coragem, não há motivos para temer ou desanimar. Quando o desânimo inevitavelmente bate à nossa porta, precisamos ter duas coisas: força e coragem.

Pense em um exemplo claro de bravura na Bíblia. Josué foi um dos filhos de Israel que saiu do Egito para participar do grande êxodo. Ele e Calebe estavam entre os doze homens enviados pelas tribos de Israel para espionar a terra de Canaã. Aquela era a terra que Deus lhes prometeu, mas dez desses espias não acreditavam que os israelitas fossem capazes de protegê-la. Somente Josué e Calebe declararam com confiança que o Senhor certamente entregaria Canaã em suas mãos. Todos os doze líderes viram as mesmas coisas, mas não as viram da mesma forma. Dez escolheram o caminho da sua própria capacidade, o que levou ao desânimo, e apenas dois viram a capacidade de Deus.

Foi por isso que Deus disse: "Sejam fortes e corajosos." (cf. Deuteronômio 31:6) a Josué em sete ocasiões diferentes (por meio de Moisés, dos anciãos ou do próprio Deus) antes de entrar na Terra Prometida. O Senhor sabia que este seria um dos maiores desafios de Josué.

O desânimo ocorre durante as secas em nossa vida. Ele chega no meio da batalha, quando sentimos que Deus nos abandonou.

Os verdadeiros inimigos dos israelitas não eram os gigantes intimidadores que viviam na Terra Prometida. Não, os inimigos eram os sussurros insultuosos que tentavam colocar medo na mente deles.

Josué e Calebe temiam a Deus mais do que a qualquer inimigo ameaçador. Por causa disso, tornaram-se os únicos dois membros originais do êxodo a entrar e possuir a Terra Prometida.

Querido Pai celestial,
Dá-me coragem para dissipar o desânimo com palavras de fé e esperança vindas do Senhor. Que eu possa me deleitar no temor a ti, pois és "fonte de vida para desviar das armadilhas da morte" (cf. Provérbios 14:27).
Em nome de Jesus, amém.

DIA 12

Proclame a verdade

Quem são esses que temem ao Senhor? Ele os instruirá no caminho que devem seguir.

SALMOS 25:12

É preciso ter coragem para se expressar. Para não se preocupar com o que os outros pensam de você e se comunicar de uma forma que honre a Deus. A história de João Batista e de Herodes ilustra isso de maneira inspiradora e dramática.

João Batista esteve em uma missão singular durante toda a vida: conduzir outras pessoas a Jesus Cristo. Mas uma coisa era proclamar o seu Senhor e Salvador a uma multidão reunida para ouvi-lo, e outra bem diferente era enfrentar Herodes Antipas, o governante da Galileia no Império Romano. João não hesitou em reprovar Herodes por se divorciar da esposa e tomar a esposa do irmão, Herodias, como sua própria esposa. A condenação pública de João o levou à prisão.

O rei Herodes não queria que João Batista fosse executado, pois o achava fascinante e sabia que João tinha muitos seguidores, então a morte do profeta poderia causar rebelião. Contudo, bêbado em uma festa, Herodes prometeu dar à filha de Herodias tudo o que ela quisesse. A jovem seguiu o conselho da mãe e pediu a cabeça de João em uma bandeja.

João sabia quais eram as consequências de falar contra Herodes, mas jamais hesitou em dizer a verdade em público. O rei, no entanto, temia o que os outros poderiam pensar. Embora não quisesse matar João Batista (o pedido até o entristeceu), Herodes concordou em executar João nas profundezas escuras da prisão para manter a própria imagem diante do povo.

O pregador e intelectual A. T. Robertson disse o seguinte sobre João falando contra Herodes: "Isso lhe custou a cabeça, mas é melhor ter uma cabeça como a de João e perdê-la do que ter uma cabeça comum e ficar com ela."[1]

Não precisamos nos preocupar em arriscar a vida física, mas falar a verdade bíblica pode nos causar dificuldades reais: emocionais, financeiras, sociais ou outras. Não hesite em ser forte e autêntico. Seja aberto e honesto em relação à verdade que você conhece e proclame-a quando puder. Deus lhe dará coragem para falar e proclamar a verdade.

Querido Pai celestial,
Que eu permaneça forte hoje com meus pensamentos e minhas ações. Ajuda-me a saber as palavras certas para falar aos outros e guia-me sobre como posso ser uma testemunha de Jesus. Mantém meu coração forte em um mundo cheio de ódio e mentiras. Em nome de Jesus, amém.

DIA 13

Prepare-se para as tempestades

Aquele que teme ao Senhor possui uma fortaleza segura, e será refúgio para os seus filhos.

PROVÉRBIOS 14:26

É muito fácil deixar que os problemas atuais consumam nosso coração e nossa mente. Ouvimos notícias sobre conflitos e ódio no mundo. Nossos amigos passam por dificuldades. Nosso trabalho traz à tona questões cotidianas. E muitas vezes lutamos para manter nossa família unida.

No meio da loucura cotidiana, recebemos um mandamento de Jesus: "Aquiete-se! Acalme-se!" (cf. Marcos 4:39).

Bastaram essas poucas palavras de Jesus para silenciar as tempestades que ameaçavam ele e os discípulos no barco ao mar. Os discípulos deixaram de tremer com a ameaça da tempestade e passaram a tremer com o poder que aquele Homem acabara de demonstrar. Até o vento e as ondas obedeceram a Jesus.

Durante nossos tempos turbulentos, ou quando nos sentimos ansiosos ou oprimidos, lembremos que, assim como Jesus falou à tempestade, ele deu a cada um de nós o poder de acalmá-la em nome dele!

Contudo, Jesus não disse simplesmente aquelas palavras reconfortantes e parou por aí. Ele também repreendeu os discípulos: "Por que vocês estão com tanto medo? Ainda não têm fé?" (cf. Marcos 4:40).

Deus sabia que a tempestade surgiria porque ele conhece o fim desde o início. Ele havia conduzido Jesus e os discípulos para dentro do barco com pleno conhecimento do perigo que os aguardava. No entanto, Deus também deu aos discípulos a autoridade e o poder para governar sobre a tempestade, mas, ainda assim, eles reagiram com medo.

Enquanto o vento forte e as ondas batiam em volta, eles poderiam ter ficado na proa do barco sem medo e gritado a plenos pulmões: "Tempestade, você não vai nos machucar nem nos impedir! Nós chegaremos ao outro lado porque Jesus disse que chegaríamos. Então saia do caminho!"

Os temporais e as perturbações da vida podem surgir do nada. Talvez sejam problemas de saúde, finanças, casamento, filhos, trabalho, escola, rejeição ou perseguição por causa da fé.

Lembre-se: Deus jamais nos fará passar por uma tempestade sem nos dar a capacidade de vencê-la. As lutas, as turbulências e os conflitos são inevitáveis, mas o que separa aqueles que são derrotados na vida daqueles que triunfam é saber que podemos enfrentar com ousadia tudo o que possa surgir contra nós.

Quando estiver ansioso ou sobrecarregado, não se esqueça de que nosso Rei é aquele que acalma a tempestade, mas ele espera que proclamemos sua palavra com fé!

Deus jamais nos fará passar por uma tempestade sem nos dar a capacidade de vencê-la.

Querido Deus,
Perdoa-me por esquecer que o Senhor me deu autoridade, em teu nome, para confrontar as adversidades da vida e a capacidade de dominar as tempestades que atacariam minha vida e meu propósito. Eu escolho confiar em ti e me afastar dos medos e das ansiedades hoje. Em nome de Jesus, amém.

DIA 14

Seja forte e corajoso

"Sejam fortes e corajosos. Não tenham medo nem fiquem apavorados por causa delas, pois o Senhor, o seu Deus, vai com vocês; nunca os deixará nem os abandonará."

DEUTERONÔMIO 31:6

Você já sentiu que a coragem piedosa, do tipo que lemos nas Escrituras e ouvimos nas pregações, é destinada apenas aos heróis e às heroínas da fé? Já teve a sensação de que a coragem em Cristo só pode surgir após anos de caminhada com ele e ao atingirmos a maturidade cristã?

Na verdade, a coragem é destinada a qualquer cristão, em qualquer momento da fé. A fé corajosa gerada pelo santo temor a Deus nos capacita quando mais precisamos. Raabe é um belo exemplo disso. A história dela em Josué 2 tem todos os ingredientes de um filme épico como *Gladiador*.

Os israelitas estavam se preparando para entrar na terra prometida de Canaã, mas a cidade murada e pagã de Jericó bloqueava o caminho. O novo líder dos israelitas após a morte de Moisés, Josué, enviou dois jovens para espionar a cidade, e eles acabaram se escondendo na casa de uma prostituta chamada Raabe. Ao saber que havia

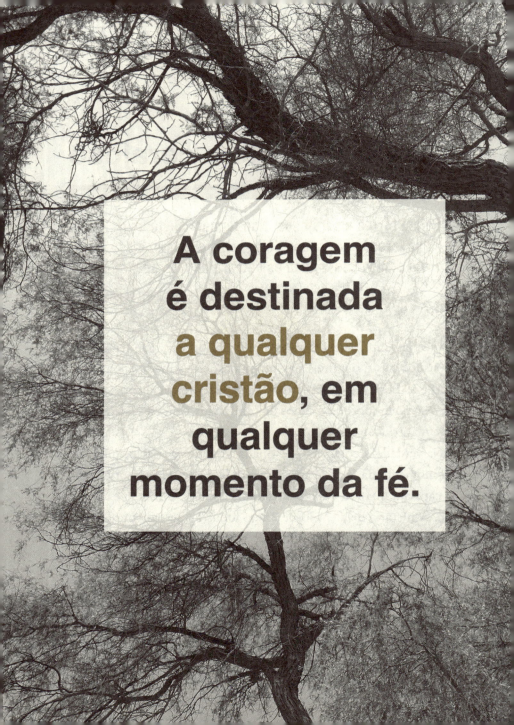

Seja forte e corajoso

espiões na casa da prostituta, o rei de Jericó ordenou que eles saíssem. Em uma atitude ousada, temendo a Deus e não aos homens, Raabe mentiu e disse ao rei que os espias já haviam partido e que ele deveria se apressar para sair e pegá-los.

Quando os homens do rei partiram e os espias estavam em segurança, Raabe revelou por que os protegeu: "Sei que o Senhor deu a vocês esta terra" (cf. Josué 2:9).

Ela não disse: "Sei que vocês *disseram* que Deus lhes deu esta terra." Também não disse: "*Se* Deus realmente deu a vocês esta terra..." Em vez disso, Raabe realmente acreditava que Deus daria a terra aos israelitas por causa de tudo que o Senhor já havia feito por eles. Ela arriscou a própria vida e a vida da família porque acreditava no Deus verdadeiro.

A história de Raabe não terminou aí. Ela acabou se casando com Salmom, da tribo de Judá, e eles tiveram um filho chamado Boaz. Por fim, Raabe foi sogra de Rute e faz parte da genealogia de Jesus. Hebreus 11 a inclui na extraordinária lista dos heróis da fé, colocando-a entre pessoas como Moisés, Davi e Samuel.

Qualquer pessoa pode receber a fé corajosa quando esta provém do santo temor de nosso maravilhoso Deus. O Senhor encorajou Raabe a ser forte em meio a uma grande provação e jamais saiu do lado dela. Seja forte e corajoso hoje, independentemente da situação, sabendo que Deus é por você e está com você.

Querido Pai celestial,
Agradeço por dar coragem tanto aos fortes como aos fracos. Ajuda-me a lembrar sempre de ter no Senhor a fé sincera que Raabe demonstrou. Perdoa-me por todas as vezes em que questionei ou duvidei de teu poder. Em nome de Cristo, amém.

DIA 15

Força para resistir

Na assembleia dos santos Deus é temível,
mais do que todos os que o rodeiam.

SALMOS 89:7

A Segunda Guerra Mundial criou muitos heróis que serão sempre lembrados na história, como os soldados que morreram bravamente em campos de batalha longe de casa. No entanto, assim como os heróis da fé mencionados em Hebreus 11, houve homens e mulheres corajosos que se levantaram contra os males da época. Dietrich Bonhoeffer foi um desses heróis.

O pastor e teólogo alemão Bonhoeffer testemunhou a ascensão de Adolf Hitler ao poder em seu país. Muitos líderes da igreja e da nação alemãs acolheram a ascensão do partido nazista, mas Bonhoeffer se opôs à ideologia nazista e se manifestou contra ela. Após se envolver com o movimento de resistência alemão, foi preso e executado em um campo de concentração em abril de 1945.[1]

Enquanto passava um tempo nas prisões alemãs, antes de ser executado, aos 39 anos, Bonhoeffer escreveu:

Creio que Deus pode e vai tirar algo bom do mal, mesmo do maior dos males. Para isso ele precisa de homens que aproveitem tudo da melhor forma. Creio que Deus nos dará toda a força necessária para nos ajudar a resistir em todos os momentos de angústia. No entanto, ele nunca dá isso de antemão, para não confiarmos em nós mesmos e não apenas nele. Uma fé assim deveria acalmar todos os nossos medos em relação ao futuro.[2]

Assistindo à execução de Bonhoeffer, o médico do campo de concentração descreveu os momentos finais da vida do mártir cristão:

Vi o Pastor Bonhoeffer [...] ajoelhado no chão orando fervorosamente a Deus. Fiquei profundamente comovido com a maneira como aquele adorável homem orava, tão devoto e tão certo de que Deus ouvia a oração. No local da execução, ele fez mais uma breve oração e subiu os poucos degraus até a forca, com coragem e serenidade. Sua morte ocorreu alguns segundos depois. Nos quase cinquenta anos em que trabalhei como médico, raramente vi um homem morrer tão submisso à vontade de Deus por inteiro.[3]

O impacto de Dietrich Bonhoeffer no cristianismo desde sua morte foi profundo. Ele deixou um legado de coragem e fé em todos os seus textos, como o clássico *O custo do discipulado*.

Homens e mulheres como Bonhoeffer são exemplos a seguir. Mesmo que o nosso país não esteja envolvido em uma guerra física, estamos sempre em guerra espiritual, com batalhas travadas a cada

Força para resistir

momento do dia. Mas lembre-se de que, como disse Bonhoeffer, Deus nos dá força para resistir ao mal.

Que heróis da fé inspiram você? Como você pode ser forte e vitorioso hoje em suas batalhas espirituais?

Querido Pai celestial,
Eu te louvo porque tu estás no controle de minha vida. Ajuda-me a resistir aos males de hoje e a acalmar todos os medos destrutivos. Enche-me de força para vencer as batalhas atuais. Em nome de Jesus, amém.

DIA 16

Permaneça firme na Rocha

"Sobre esta pedra [do conhecimento revelado por Deus] edificarei a minha igreja, e as portas do Hades não poderão vencê-la."

CF. MATEUS 16:18

"Eu vi você com Jesus, o galileu."

No meio do pátio, perto da fogueira crepitante, as palavras da criada cauterizaram a alma de Pedro. Com uma multidão de rostos voltada para ele, o discípulo balançou a cabeça.

"Não faço ideia do que você está falando."

Mais tarde, quando ele foi em direção ao portão, outra mulher afirmou a mesma coisa: "Este homem estava com Jesus."

"Eu não o conheço!" Pedro respondeu gritando. "Juro que nunca o vi antes."

Não muito depois disso, outro estranho se aproximou dele. "Com certeza você é um deles. Seu modo de falar o denuncia."

Pedro começou a dizer maldições, e sua negação era veemente e inabalável.

"Não sei do que você está falando!"

Nesse momento, enquanto o galo cantava, Pedro lembrou-se do que Jesus lhe havia dito: "Antes que o galo cante, três vezes você me negará" (cf. Mateus 26:34).

De repente, o grande e forte Pedro ficou abalado. Chorando de culpa, afastou-se, sem autoconfiança. A declaração que o apóstolo fizera a Jesus com certeza ecoava na mente dele: "Estou pronto para ir contigo para a prisão e para a morte" (cf. Lucas 22:33).

A história em Mateus 26 poderia ter terminado aí, mas Jesus tinha mais planos para o seu discípulo e orou para que a fé de Simão Pedro não falhasse após esse ato notável de rejeição em público. Jesus sabia que essa prova geraria um novo Pedro, alguém que precisava cumprir seu destino e fortalecer seus irmãos e irmãs em Cristo.

A humildade e o quebrantamento são ingredientes necessários para recebermos a graça de Deus. Não demoraria muito para que o anjo do Senhor falasse com Maria Madalena no túmulo e destacasse Pedro: "Vão e digam aos discípulos dele e a Pedro: 'Ele está indo adiante de vocês para a Galileia. Lá vocês o verão, como ele disse a vocês'" (Marcos 16:7).

Após suas repetidas negações, Pedro ficou profundamente abalado, mas o fundamento estabelecido por Deus permaneceu: o fundamento seguro da compreensão de Pedro de que Jesus era o Filho de Deus. Era um fundamento tão firme que, mais tarde, Pedro glorificou a Deus quando enfrentou a morte.

Quão sólidas são suas convicções e quão seguras são suas crenças? Elas estão centradas em Deus ou firmadas em sua própria força de vontade? Embora possamos nos sentir confiantes em nossa fé, há pessoas e circunstâncias que podem nos abalar profundamente, assim como fizeram com Pedro.

Nosso alicerce seguro é revelado na Palavra de Deus, e será sua rocha naqueles momentos em que você for testado, quebrantado e abalado.

Querido Pai celestial,
Perdoa-me por te rejeitar ou negar, tanto em público como no particular. Perdoa-me pelas vezes em que recuei ou fugi das adversidades. No calor da batalha, perdi Jesus de vista, e me arrependo muito por isso. Ajuda-me a permanecer sobre a rocha firme, que não pode ser abalada. Em nome de Jesus, amém.

DIA 17

Cuidado com o orgulho

[Essas pessoas] pela fé, conquistaram reinos, praticaram a justiça, alcançaram o cumprimento de promessas, fecharam a boca de leões, apagaram o poder do fogo e escaparam do fio da espada; *da fraqueza tiraram força* [...].

HEBREUS 11:33-34

Algumas das maiores e mais corajosas lições de fé surgem quando falhamos. A coragem piedosa muitas vezes se manifesta naqueles que antes demonstraram grande covardia. O apóstolo Pedro é um exemplo.

Pedro teve seus momentos brilhantes, pois ele foi o discípulo que proclamou a respeito de Jesus: "Tu és o Cristo, o Filho do Deus vivo" (cf. Mateus 16:16). Também foi ele quem, depois de trabalhar na pesca a noite toda sem conseguir nada, acatou a instrução de Jesus de voltar a navegar em águas mais profundas e de lançar as redes mais uma vez. Simão Pedro era sedento pelas coisas de Deus e fazia perguntas com ousadia enquanto os outros permaneciam calados. Foi ele quem andou sobre as águas.

E também foi Pedro quem negou Jesus. É difícil de acreditar, não é?

Cuidado com o orgulho

Quando Jesus disse aos discípulos "Mas saibam que a mão daquele que há de me trair está comigo à mesa" (Lucas 22:21), como os outros responderam? Discutiram quem poderia ser, e essa questão levou a uma debate sobre quem era o maior entre eles. Dá para acreditar? Jesus tinha *acabado* de dizer que estava prestes a ser entregue aos principais sacerdotes para ser condenado à morte e entregue aos romanos para ser escarnecido, açoitado e morto, mas, mesmo assim, os seus amigos mais próximos discutiam como crianças.

É fácil adivinhar quem iniciou este debate: Simão Pedro. Como escreveu A. W. Tozer: "O homem Pedro tinha a reputação de ser o primeiro porque era um homem muito impetuoso. Foi o primeiro ou um dos primeiros em quase tudo o que aconteceu e que o tocou enquanto ele estava vivo."[1] Pedro tinha certeza de que era o maior dos Doze. Essa confiança, no entanto, não estava enraizada no amor; estava ancorada no orgulho.

Quando tememos a Deus, não há espaço para orgulho. Na verdade, o santo temor leva à verdadeira humildade.

Pedro teve a coragem de enfrentar o exército romano e de cortar a orelha de um soldado. Contudo, quando uma jovem criada o questionou sobre Jesus, o apóstolo negou a Cristo. É fácil ser corajoso quando tudo está acontecendo da forma como você acha que deveria acontecer. É muito mais difícil sê-lo quando você está sob pressão, as coisas não acontecem conforme o planejado, sua visão é limitada e sua reputação está em jogo.

Felizmente, a história de Pedro não terminou. Após negar a Cristo e presenciar o momento crucial em que Jesus o condenou com um olhar (cf. Lucas 22:61), o apóstolo humilhou-se, arrependeu-se do orgulho e viveu sua fé ousadamente, com um coração ainda mais leal.

Tenha cuidado com o orgulho e busque a humildade, sobretudo quando sua fé é desafiada e há muito a superar. Sendo humilde, você consegue confiar na ajuda de Deus e de sua graça, não em sua própria capacidade. Revestir-se de humildade é usar a armadura dele em vez da sua. Isso produzirá em você uma forte ousadia que fará o Inimigo tremer e fugir.

Querido Pai celestial,
Ensina-me não apenas a temer, mas a ser humilde diante do Senhor. Ajuda-me a ver como a humildade verdadeira e genuína me dá coragem. Agradeço pelos exemplos daqueles que falharam, mas foram perdoados e receberam graça, da mesma forma como o Senhor me perdoou e me deu graça. Em nome de Jesus, amém.

DIA 18

Seja transformado

Vocês foram libertados do pecado.

CF. ROMANOS 6:18

Quando somos apresentados a Maria Madalena em Lucas 8, sabemos que ela estava viajando com Jesus e os doze apóstolos de povoado em povoado espalhando as boas-novas. A única parte de seu passado que a Bíblia menciona é que Jesus expulsou sete demônios dela. Não há menção a nenhum delito anterior nem lemos sobre terríveis detalhes. Sabemos apenas que Cristo a libertou da escravidão do pecado.

Esta era a boa-nova que Jesus e seu grupo de seguidores proclamavam: o arrependimento pode produzir restauração. Maria Madalena foi um exemplo vivo disso. Ela exemplificou Romanos 6:18: "[...] vocês foram libertados do pecado e tornaram-se escravos da justiça."

Uma das palavras mais bonitas e poderosas da Bíblia é *arrependimento*. Ela representa promessa e esperança. Indica um novo começo. É o ponto de partida para receber o dom gratuito da graça de Jesus, que transforma nossa vida.

O perigo é ficar na linha de partida, mas nunca prosseguir na corrida. Pessoalmente, acredito que um dos maiores obstáculos que criamos para desfrutar de um relacionamento profundo e íntimo com Deus é a "oração do pecador" pronta. Muitos pensam: "Já fiz a oração do pecador. Estou coberto pela graça de Deus. Vou tentar fazer o meu melhor porque os cristãos não são diferentes dos pecadores, apenas fomos perdoados."

Isso está muito longe da verdade revelada nas Escrituras. Recebemos a "natureza divina" (cf. 2Pedro 1:4); é nossa responsabilidade andar de acordo com ela. Somos instruídos: "[...] vivam de maneira digna do chamado que receberam" (Efésios 4:1). A verdadeira santidade é uma cooperação entre a divindade e a humanidade. Deus concede a graça, mas devemos cooperar, porque a graça nos capacita à purificação (cf. 2Coríntios 7:1).

Que presente é a graça! A graça nos salva. Ela nos concede uma nova natureza e nos capacita a viver como Jesus. E é algo que jamais mereceremos. No entanto, requer arrependimento, porque sem ela não podemos experimentar a vida que Deus tem para nós. Sem arrependimento, não abandonaremos permanentemente o estilo de vida egoísta.

Esta é a boa-nova: quando confessarmos humildemente nossos pecados e nos arrependermos, Deus nos perdoará e nos capacitará a abandonar o que antes nos mantinha em cativeiro. Podemos superar nosso passado e os pecados que nos impedem de ser transformados.

O arrependimento não é uma oração do pecador; é uma prática constante. Com confissão regular e a ajuda do Espírito Santo, podemos abandonar os nossos próprios caminhos e viver como Jesus.

Seja transformado

Querido Pai celestial,
Somente pelo poder de tua graça posso viver a vida piedosa que o Senhor tem para mim. Perdoa-me por tentar viver segundo minhas próprias habilidades. Dá-me forças para consagrar minha vida de modo a glorificar ao Senhor. Em nome de Jesus, amém.

DIA 19

Força em tempos difíceis

"Assim também ocorre com a palavra que sai da minha boca: ela não voltará para mim vazia, mas fará o que desejo e atingirá o propósito para o qual a enviei."

CF. ISAÍAS 55:11

Em 1863, os Estados Unidos estavam destruídos e cobertos de sangue, e o presidente Abraham Lincoln se encontrava abatido e perturbado. Durante dois anos, a Guerra Civil dizimou o país. Milhares de soldados morreram no campo de batalha. Embora a Confederação estivesse em menor número e fosse despreparada para lutar contra a União, a excelente liderança dos generais do Sul e o forte moral dos soldados impulsionaram o Sul a diversas vitórias.

Após visitar o Departamento de Guerra, Lincoln voltou para casa deprimido. A esposa dele percebeu sua angústia.

"Teve alguma notícia?", Mary Todd Lincoln perguntou ao marido.

"Sim, muitas notícias, mas nenhuma boa notícia. Está sombrio, está tudo sombrio."

O querido filho de onze anos de Lincoln, Willie, havia falecido um ano antes. O presidente ainda carregava dentro de si uma dor profunda.

Força em tempos difíceis

Nessa ocasião, Lincoln pegou a Bíblia e começou a ler. Quinze minutos depois, o comportamento dele mudou completamente. Seu rosto parecia mais alegre. Elizabeth Keckley, a costureira de Mary Lincoln, contou a cena em seu livro:

> O aspecto abatido desapareceu, e o semblante dele se iluminou com nova determinação e esperança. A mudança foi tão marcante que não pude deixar de admirar, e a admiração me levou ao desejo de saber que livro da Bíblia proporcionava tanto conforto ao leitor.[1]

Elizabeth descobriu que Lincoln estava lendo o livro de Jó. "Que quadro sublime foi aquele! O governante de uma nação poderosa que recorre às páginas da Bíblia com sinceridade cristã em busca de conforto e coragem, e encontra essas duas coisas nas horas mais sombrias da calamidade de uma nação."[2]

Abraham Lincoln conhecia o poder que encontramos nas Escrituras. Durante seus momentos mais sombrios, Lincoln encontrou confiança na Bíblia. "Em relação ao Grande Livro," disse Lincoln, "só devo dizer que é o melhor presente que Deus deu ao homem. Todo o bem que o Salvador deu ao mundo foi comunicado por meio deste livro."[3]

Todos nós passamos por momentos complicados e difíceis. Para onde você vai ao sentir desespero ou quando seu coração dói? Tenta se consolar com confortos carnais temporários ou apenas com pensamentos positivos, ou crê no poder que as Escrituras têm para transformar você e, no processo, mudar sua perspectiva? Medite na Palavra hoje e creia, como Lincoln fez, que ela é a fonte da força necessária.

Força em tempos difíceis

Querido Pai celestial,
Agradeço por falar conosco por meio da Bíblia. Tua Palavra é santa e perfeita, e isso me deixa maravilhado. Perdoa-me por não recorrer às Escrituras quando me sinto sobrecarregado e cansado. Dá-me forças hoje para tudo que enfrentarei. Peço isso em nome de teu Filho, amém.

DIA 20

Supere a derrota

Sem, de forma alguma, deixar-se intimidar por aqueles que se opõem a vocês. [...] Porque a vocês foi dado o privilégio de não apenas crer em Cristo, mas também de sofrer por ele.

CF. FILIPENSES 1:28-29

Imagine trabalhar secretamente levando a Palavra de Deus ao povo, arriscando a própria vida para entregar as Escrituras ao público!

Pode ser difícil para nós, no mundo livre de hoje, imaginar essa realidade e os riscos que a acompanham quando temos a Bíblia disponível tão facilmente para nós em todos os lugares, até em nossos telefones. Podemos acessar a Bíblia em quase qualquer idioma, a qualquer hora. Contudo, séculos atrás, quando a Bíblia era guardada por poucos e não era acessível às pessoas comuns, um homem corajoso vencia muitos obstáculos e sofria derrotas para levar a Palavra às massas.

William Tyndale foi um estudioso e sacerdote que se inspirou para traduzir a Bíblia para o inglês. Era proibido por lei que a Bíblia fosse traduzida para qualquer idioma que não fosse o hebraico e o grego. No entanto, logo após a Reforma, que ocorreu no início do século 16 e desencadeou um movimento para tornar a doutrina da Igreja e as Escrituras acessíveis a todos, Tyndale foi encorajado a superar as barreiras.

A princípio, ele procurou um bispo chamado Cuthbert Tunstall para ajudá-lo com a tradução para o inglês, mas o bispo recusou o pedido. Assim, William Tyndale mudou-se para a Alemanha em 1524 e começou a trabalhar na tradução e impressão do Novo Testamento em inglês.

Pelo resto da vida, Tyndale encontrou obstáculo após obstáculo. Ele foi traído e forçado a fugir de casa. Suas primeiras cópias do Novo Testamento foram recolhidas e queimadas. E, durante uma viagem para imprimir o livro de Deuteronômio, ele naufragou e perdeu tudo: "todos os seus livros, escritos e cópias, seu dinheiro e seu tempo, e assim foi obrigado a começar tudo outra vez."[1]

Alguns obstáculos estavam ainda mais perto de casa. O mundo religioso da época opôs-se a Tyndale em sua busca para levar a Bíblia ao povo, mas isso não o impediu. Tyndale escreveu: "Cristo estará conosco até o fim do mundo. Portanto, que seu pequeno rebanho seja ousado. Pois, se Deus está do nosso lado, o que importa quem está contra nós, sejam eles bispos, cardeais, papas ou qualquer nome que for?"[2]

William Tyndale teve êxito na impressão do Novo Testamento em inglês e conseguiu imprimir os primeiros cinco livros do Antigo Testamento, mas terminou a sua vida como um mártir heroico. Enquanto continuava trabalhando na tradução e na impressão do restante da Bíblia, foi traído por um amigo e acabou preso, sendo então condenado por heresia e executado por estrangulamento.

Depois seu corpo foi queimado na fogueira. As suas últimas palavras registradas foram uma oração para que as Sagradas Escrituras fossem espalhadas por toda a Inglaterra.

"Senhor! Abre os olhos do rei da Inglaterra", gritou ele enquanto estava na fogueira prestes a ser morto.[3] Que homem valente e que exemplo corajoso de superação de tantos obstáculos em favor do Reino!

Em que áreas da sua vida você pode ousar em nome de Cristo? Mesmo não enfrentando a perseguição que Tyndale enfrentou, existe alguma derrota ou obstáculo que você precise superar, mesmo que signifique um sacrifício de sua parte?

Querido Senhor todo-poderoso,
Agradeço por termos acesso à tua santa Palavra. Perdoa-me por não dar o devido valor a ela e ajuda-me a buscá-la com gratidão, sabendo que muitos deram a vida para que ela chegasse até mim. Dá-me poder hoje por meio de tuas palavras. Em nome de Jesus Cristo, amém.

PARTE 3

Quando você precisa de coragem para enfrentar o desconhecido

DIA 21

Descubra o caminho de Deus para você

"Quem sabe se não foi para um momento como este que você chegou à posição de rainha?"

CF. ESTER 4:14

Você já se perguntou por que está neste momento de sua vida? Às vezes está tão envolvido em projetos e preocupações que perde de vista o que Deus está fazendo? Ou já se sentiu desconectado e como se Deus tivesse abandonado você no desconhecido?

Deus jamais nos abandona. Não importa a situação pela qual estejamos passando e em que fase da vida nos encontremos, ele está sempre controlando e orquestrando os acontecimentos de nossa vida. Até mesmo nos momentos em que o caminho não está claro ou parece que ele está distante, Deus está presente em todos os aspectos.

O livro de Ester, no Antigo Testamento, é um exemplo da magnífica providência do Senhor na vida de alguém. Se você conhece a história, talvez tenha percebido algo notável: Deus não é mencionado no livro, nem uma vez sequer. No entanto, a história de Ester

Não importa a situação pela qual estejamos passando e em que fase da vida nos encontremos, ele está sempre controlando e orquestrando os acontecimentos de nossa vida.

representa como ele estava trabalhando para libertar o povo judeu da destruição.

Ester foi a bela jovem judia escolhida dentre muitas mulheres para ser a esposa do rei Xerxes I, governante do grande Império Persa. Quando um decreto ordenou a execução de todos os judeus da terra, Ester arriscou a vida para pedir a salvação da nação judaica. Em cada parte da fascinante saga de Ester, vemos a mão de Deus trabalhando nos bastidores, embora ele nunca seja mencionado.

Da mesma forma, Deus está presente em nossa vida. Ele nos imaginou antes de nascermos. Cada dia de nossa vida foi detalhado e escrito, e cada momento foi documentado, antes de completarmos um dia de vida (cf. Salmo 139:16). Nada o pega desprevenido. Esse é um pensamento fenomenal e impressionante. Deus tem tudo planejado; tem planos para cuidar de você e lhe dar um futuro promissor (cf. Jeremias 29:11). Mesmo assim, Deus ainda espera que você busque a vontade dele para sua vida.

O Senhor planejou seus caminhos antes de você nascer, mas, como Paulo escreveu em Efésios 5:17: "[...] não sejam insensatos, mas procurem compreender qual é a vontade do Senhor."

Deus tinha um plano muito específico para Ester, e ela o cumpriu, porém, antes, precisou descobrir o caminho dele para ela ao longo do caminho. Deus tem um plano para nós, mas precisamos descobri-lo. Isso acontece quando oramos, lemos a Palavra e o ouvimos.

Procure a orientação de Deus desde o momento em que você acorda até adormecer. Mesmo que ele não manifeste sua presença, Deus está sempre presente, e os planos dele para você são bons.

*Querido Pai celestial,
Peço sabedoria para descobrir o teu propósito para mim. Agradeço por orquestrar os acontecimentos de minha vida e me convidar a caminhar para a descoberta de teu bom plano para mim. O Senhor diz que sou tua obra-prima, e isso me deixa maravilhado. Ajuda-me a lembrar que esta vida presente é como vapor e a me concentrar no que é eterno. Em nome de Cristo, amém.*

DIA 22

Confie na provisão dele

"Ninguém pode servir a dois senhores, pois odiará um e amará o outro, ou se dedicará a um e desprezará o outro. Vocês não podem servir a Deus e ao dinheiro. Por isso, digo a vocês que não se preocupem com a própria vida [...]. Quem de vocês, por mais que se preocupe, pode acrescentar uma hora que seja à sua vida?"

MATEUS 6:24-25,27

Jesus diz para *não nos* preocuparmos. Por quê? Porque Deus jamais permitirá que algo nos falte. Davi declarou isso em Salmos 37:25, quando escreveu: "Já fui jovem e agora sou velho, mas nunca vi o justo desamparado nem a sua descendência mendigar o pão."

Contudo, mesmo sabendo disso, há momentos em que não é fácil confiar em Deus.

Em 1990, Lisa e eu estávamos iniciando o ministério e aumentando uma jovem família. Embora nunca tivéssemos atrasado uma conta, tínhamos 300 *dólares* em nosso nome e éramos responsáveis pelo pagamento de 740 *dólares* por mês da casa, de 300 *dólares* por mês do carro e pelas despesas de nossos dois filhos pequenos. Não sabíamos de onde viria o dinheiro, mas Deus me disse para não ligar para igrejas nem escrever cartas na tentativa de conseguir convites ministeriais para pregar mediante pagamento.

Em abril daquele ano, as coisas ficaram muito escassas. Eu não tinha eventos agendados e estava em casa havia um mês inteiro. Nossas finanças estavam muito baixas. Certa manhã, saí para orar. Eu estava perdendo o juízo, e meu tempo de oração passou a ser mais gritar com Deus em vez de pedir baixinho.

"Pai celestial, estou fazendo o que tu ordenaste. Se o Senhor *não abrir as portas e fornecer*, arrumarei um emprego como empacotador de supermercado e direi a todos que o Senhor *não prov*eu para nós. Mas não vou me vender. Se tu me chamaste, abrirás as portas. Entrego totalmente esta preocupação a ti."

Não sei se faria uma declaração tão ousada hoje, mas havia algo na ousadia da fé que agradou a Deus, porque, logo depois disso, uma igreja em Michigan nos chamou para pregar em um evento de quatro dias. Esse evento de quatro dias se transformou em 21 cultos. Foi um avivamento e uma grande bênção financeira. Depois disso, minha agenda nunca mais ficou escassa.

Embora vivamos em tempos turbulentos e incertos, encorajo você a lembrar quem é o seu Provedor. Não é seu empregador, nem seu salário, nem o mercado de ações, nem a economia. Deus é o seu Provedor.

*Querido Pai celestial,
Perdoa-me pelas vezes em que me preocupo com a provisão. O Senhor se importa com os pássaros do céu e se importa muito mais comigo. Confiarei em ti para a provisão de tudo o que preciso. Em nome de Jesus, amém.*

DIA 23

Obedecer a Deus por inteiro

"Agora sei que você teme a Deus, porque não negou dar a mim o seu filho, o seu único filho."

CF. GÊNESIS 22:12

Abraão tinha um santo temor a Deus, que podemos ver claramente em Gênesis 22, quando Deus pediu a ele que fizesse um grande sacrifício. A história é mais ou menos assim:

Quando Abraão *já* era idoso, Deus foi até ele certa noite.

"Abraão!"

"Sim, Senhor. Eis-me aqui."

"Quero que você pegue seu filho, aquele que você tanto ama e pelo qual esperou vinte e cinco anos, e faça uma jornada de três dias para sacrificá-lo por mim."

Consegue imaginar o quanto isso deve ter sido difícil? Como Deus poderia pedir algo tão chocante, tão estarrecedor, a seu devoto seguidor? Deus nem ao menos disse o motivo!

Eu imagino o que Abraão estava pensando: "Eu ouvi direito? Isso é um pesadelo? Como isso pode acontecer? Eu amo meu filho... *não posso matar Isaque*. Existe a promessa de que reis e nações virão por intermédio dele. Como essa promessa poderá se cumprir se eu o matar?"

No entanto, apesar da falta de compreensão, lemos: "Então, Abraão se levantou cedo pela manhã e preparou o seu jumento [...]" (Gênesis 22:3). Ele não tinha respostas, motivos ou lógica, mas escolheu obedecer a Deus mesmo assim.

Abraão não esperou meses, semanas ou mesmo dias para atender ao pedido de Deus. Ele *se levantou cedo pela manhã* para agir.

Mesmo sendo a coisa mais dolorosa que teria de fazer, ele obedeceu a Deus. Isaque foi o cumprimento da promessa do Senhor na vida dele. Abraão esperou pacientemente por mais de 25 anos para ver a promessa se cumprir, depois foi convidado a deixar tudo de lado, sem sequer receber uma explicação do Senhor. Mesmo assim, obedeceu à ordem de Deus.

Todos nós sabemos o final da história: Deus poupou Isaque e cumpriu todas as suas promessas. No entanto, Abraão não sabia como isso terminaria. Tudo o que ele sabia era que temia a Deus e confiava nele completamente, mesmo quando não fazia sentido para sua mente natural.

Abraão foi até a montanha e construiu o altar, depois levou Isaque até o altar e ergueu sua faca, pronto para matar o precioso filho. Quando, de repente, um anjo apareceu e lhe mandou parar. "Não estenda a sua mão contra o rapaz [...]. Não lhe faça nada. Agora sei que você teme a Deus, porque não negou dar a mim o seu filho, o seu único filho" (v. 12).

Você entendeu? Deus queria saber se Abraão o *temia*. Ele queria tanto saber que submeteu Abraão a um teste definitivo de obediência. E a resposta de Abraão provou que ele temia a Deus.

Obedecer a Deus por inteiro

A obediência é a evidência externa do temor ao Senhor. Quando tememos a Deus, obedecemos a ele — mesmo com a dor, mesmo sem entender, mesmo sem conseguir ver o benefício. Deus jamais nos testará da forma como testou Abraão, mas ele pode pedir um grande sacrifício que parece impossível de fazer. Você lhe obedecerá?

O que Deus está pedindo que você faça em obediência? Sua obediência a Deus abrirá as portas para a bênção e o colocará em posição de assumir tudo o que ele tem para você.

Querido Jeová-Jiré, meu Senhor e Provedor,
Dá-me a força para obedecer ao Senhor mesmo quando não fizer sentido, quando doer ou quando eu não vir os benefícios. Perdoa-me por não priorizar tua vontade. Eu peço por santo temor e graça para obedecer ao Senhor completamente. Em nome de Jesus, amém.

DIA 24

Grandes recompensas

Melhor será que tema sempre ao SENHOR. Se agir assim, certamente haverá bom futuro para você.

CF. PROVÉRBIOS 23:17-18

Precisamos ter uma fé corajosa quando enfrentamos o desconhecido e de uma fé ousada para viver um futuro que não conseguimos mapear com perfeição. Contudo, Deus promete que nossas esperanças não serão frustradas e que seremos recompensados se continuarmos temendo a ele.

Deus tem uma grande recompensa esperando por nós, se somente o buscarmos. Não é uma recompensa mundana de fama, fortuna e diversão, mas algo muito maior. De que se trata exatamente essa recompensa?

Moisés fez a mesma pergunta enquanto esperava com fé.

Durante quarenta anos, Moisés cresceu e viveu em tremenda riqueza na casa do faraó, no Egito: os melhores alimentos, roupas da moda, os melhores bens materiais e qualquer prazer desejável. Ele morava em uma casa espetacular; ninguém na terra era mais rico ou poderoso do que seu avô, o faraó. No entanto, veja o que lemos em Hebreus 11:24-28:

Grandes recompensas

Pela fé, Moisés, já adulto, recusou ser chamado filho da filha do faraó, porque preferiu ser maltratado com o povo de Deus a desfrutar o prazer transitório do pecado. Por causa de Cristo, considerou a desonra uma riqueza maior do que os tesouros do Egito, pois contemplava a recompensa. Pela fé, saiu do Egito, por não temer a ira do rei, e perseverou, porque via aquele que é invisível. Pela fé, celebrou a Páscoa e fez a aspersão do sangue, para que o destruidor não tocasse nos primogênitos dos israelitas.

Moisés poderia ter ficado no palácio tentando servir a Deus com segurança e luxo, mas ele sabia que o plano do Senhor para ele era maior — muito maior, na verdade. Então, escolheu se afastar de tudo que era seguro, confortável e conhecido. Moisés sabia que havia um chamado do Senhor para sua vida aos quarenta anos de idade. Claro, foram necessários mais quarenta anos para ele descobrir exatamente o que estava procurando. Entretanto, primeiro Moisés precisava ser refinado e preparado para o que Deus havia reservado a ele.

Veja o que Moisés desejava como sua maior recompensa. Quando o instruiu a reunir seu povo e conduzi-lo à Terra Prometida, dizendo que havia designado um anjo para guiá-los, Deus também declarou: "Eu, porém, *não irei com vocês*" (cf. *Êxodo 33:3*). Os israelitas ansiavam pela Terra Prometida havia gerações. No entanto, veja a resposta de Moisés à oferta de Deus: "Se não fores conosco, não nos faças sair daqui" (Êxodo 33:15).

Moisés revelou essencialmente que, se tivesse de escolher entre a presença e as bênçãos de Deus, preferiria receber sua presença, mesmo no desconforto do deserto. Moisés desejava estar o mais

Precisamos ter fé corajosa quando enfrentamos o desconhecido e fé ousada para viver um futuro que não conseguimos mapear com perfeição.

Grandes recompensas

próximo e íntimo possível de Deus. Essa foi a recompensa cobiçada por ele, e Deus a concedeu.

Qual é sua grande recompensa? Que chamado Deus tem para você? Está disposto a deixar os "palácios" ou lugares de conforto de sua vida para buscar a Deus e o lugar para onde o Senhor está chamando?

Querido Pai celestial,
Sei que o Senhor não quer apenas que eu confesse a minha fé, mas também aja de acordo com ela. Por favor, dá-me coragem e ousadia para viver de uma forma que glorifique Jesus enquanto sigo rumo ao futuro desconhecido. O Senhor é minha grande recompensa e ninguém pode tirar isso de mim. Em nome de Jesus, amém.

DIA 25

Ore com coragem

Esta é a confiança que temos ao nos aproximar de Deus: se pedimos alguma coisa de acordo com a vontade dele, ele nos ouve.

1 JOÃO 5:14

No meio da noite, uma mãe ora, implorando para que Deus salve a alma do filho, que passou a juventude seguindo seus desejos e buscando respostas enquanto vivia um estilo de vida promíscuo. No entanto, a mãe jamais perdeu as esperanças, como o filho um dia escreveria: "Minha mãe, sua serva fiel, chorou mais por mim do que as mães choram pelos cadáveres dos filhos. Por meio daquele espírito de fé que ela recebeu do Senhor, ela viu minha morte, e o Senhor a ouviu com graça."[1]

Por quinze anos, essa mulher, Monica, orou, chorou e jejuou pelo filho, Aurelius Augustinus Hipponensis, que mais tarde seria conhecido como Agostinho de Hipona.

Agostinho, um jovem errante que havia procurado por muito tempo um sentido em todos os lugares errados, acabou sendo confrontado com a verdade que procurava. Ele ficou aterrorizado, incapaz de escapar de si mesmo e da bagunça que causara em sua vida.

Ore com coragem

Depois de ver a conversão de fé de dois homens, recorreu, em estado de choque, a um amigo e disse:

"Qual é o nosso problema? Qual é o significado desta história? Esses homens não têm nosso grau de estudos, mas se levantam e atacam os portões do céu enquanto nós, apesar de todo o nosso conhecimento, ficamos aqui rastejando neste mundo de carne e osso!"

Agostinho poderia muito bem ter fugido do puxão de Deus em seu coração e voltado para seus desejos e distrações carnais, mas, em vez disso, ele se viu atraído pelas Escrituras. Ao abrir a Bíblia na carta de Paulo aos Romanos, leu isto:

> Vivamos decentemente, como à luz do dia, não em orgias e bebedeiras, não em imoralidade sexual e devassidão, não em desavença e inveja. Ao contrário, revistam-se do Senhor Jesus Cristo e não fiquem pensando em como satisfazer os desejos da carne (Romanos 13:13-14).

Ele não precisava ler mais. Naquele instante, seu coração se encheu de fé em Cristo. Qualquer dúvida que carregava foi dissipada.

A história de conversão de Agostinho teve um enorme impacto na história cristã, e ele se tornou um dos pais da igreja e um dos teólogos mais influentes de todos os tempos.

Essa história não revela apenas que Deus pode redimir qualquer pessoa, como também mostra a confiança inabalável da fé de uma mãe.

A fé corajosa nem sempre vem na forma de conversas e ações públicas. Também vem no silêncio e na solidão, com o coração aberto ao Pai celestial e pedindo sua misericórdia. Recebemos a promessa de que Deus responderá nossas orações de fé, mas ele decide como e quando fará isso. Tudo o que você precisa fazer é continuar pedindo com fé diante dele.

Querido Pai de graça e amor,
O Senhor sabe de todas as coisas e ouve cada oração de fé. Agradeço por me ouvir e responder minhas orações de maneiras perfeitas. Eu sei que estás sempre ouvindo e sou muito grato por isso. Então, guia-me agora enquanto invoco o Senhor com confiança. Em nome de Jesus, amém.

DIA 26

Espere com paciência no deserto

Espere pelo S<small>ENHOR</small>. Seja forte e corajoso! Espere pelo S<small>ENHOR</small>.

SALMOS 27:14

Parece que Deus está a quilômetros de distância? Você sente que está indo na direção oposta de seus sonhos e das promessas que ele lhe fez? A presença de Deus aparenta diminuir cada vez mais, em vez de crescer? Talvez você até se sinta mal-amado e ignorado.

Todos os crentes já se sentiram assim. Todos nós passamos um período no deserto. Se quisermos ser como Jesus, *é necessário desenvolver* nosso caráter, e muitas vezes isso acontece nos lugares áridos. É comum que os seguidores sinceros de Cristo se encontrem nesse lugar. Talvez você sinta que Deus o abandonou, mas ele está por perto e prometeu nunca o deixar nem abandonar (cf. Hebreus 13:5).

Nunca se esqueça de que muitos dos santos de Deus foram forjados no deserto.

Abraão, um homem rico de Ur que vivia no conforto, foi convidado por Deus a deixar tudo para trás para encontrar uma nova terra prometida. Ele e Sara terminaram em uma longa jornada com muitas noites solitárias no deserto.

Houve também Moisés, que passou quarenta anos no deserto. José, que ficou preso na escravidão e depois na masmorra do faraó. Davi, que se escondeu em cavernas. João Batista, que vivia nos desertos da Judeia, vestindo peles de animais e comendo insetos. Jesus, que, após ser cheio do Espírito, foi imediatamente conduzido ao deserto por quarenta dias. João, o apóstolo, que foi exilado na ilha deserta de Patmos.

Todos esses heróis da fé passaram por um período de deserto como local de preparação para a próxima fase do chamado de Deus em favor do Reino. Muitas vezes, quando Deus nos mostra grandes coisas que ele pretende fazer por nosso intermédio no futuro, ele, antes de tudo, nos leva a um deserto para nos preparar.

Deus tem um plano para a sua temporada no deserto e não quer que você passe mais tempo lá do que o necessário, mas, no fim das contas, depende de você prolongá-la ou não. O deserto é apenas um lugar de preparação antes que Deus nos conduza à promessa. Quanto mais nos achegarmos a Deus por meio de entrega, obediência e confiança, mais cedo entraremos em tudo o que ele tem para nós.

Se você está preso em um deserto, creia que Deus ainda está presente. Ele levou você a esse lugar para mostrar o que está em seu próprio coração. O deserto é onde sua fé é refinada e seu caráter desenvolvido.

Não desista de buscá-lo. Não desista. Espere com paciência no deserto. Mantenha a visão que ele lhe deu, não importa as circunstâncias.

Espere com paciência no deserto

Querido Pai celestial,
Perdoa-me por duvidar de tua presença constante. Ajuda-me a ser paciente quando não ouço tua voz e a sempre buscar a tua vontade em minha vida, mesmo na seca e no deserto. Creio que o Senhor está me preparando e me refinando. Em nome de Jesus, amém.

DIA 27

Direção no deserto

Ele realiza os desejos daqueles que o temem; ouve-os gritar por socorro e os salva.

SALMOS 145:19

Você já sentiu inseguranças quanto ao plano de Deus para sua vida? Talvez você tenha desejos ou sonhos não cumpridos que estão em espera *há anos, até décadas*. *Talvez tenha seguido o chamado de Deus para lugares desconhecidos, mas agora está esperando e se sente preso*, incapaz de ver o caminho a seguir.

Não é fácil ser paciente e esperar em Deus. Quando Moisés fugiu do Egito, foi para um lugar chamado Midiã, onde passou quarenta anos cuidando de ovelhas (cf. *Êxodo 2*). *Ele não foi direto para a* Terra Prometida nem tirou os israelitas do Egito imediatamente. Em vez disso, deixou de ser um príncipe, um general e um homem culto no topo da sociedade para se tornar um pastor humilde e modesto — durante décadas.

O caminho pode nem sempre fazer sentido para nós no momento, mas o caminho de Deus será sempre o certo. O percurso longo, tortuoso e incerto às vezes é o necessário para Deus nos moldar como os homens e mulheres que ele deseja que sejamos.

O percurso longo, tortuoso e incerto às vezes é o necessário para Deus nos moldar conforme os homens e mulheres que ele deseja que sejamos.

Ele pode nos levar ao deserto por um tempo, mas sempre haverá *um propósito ali. Sempre há um propósito.*

Moisés passou quarenta anos no deserto até que Deus de repente se revelou no monte Sinai, na sarça ardente. Moisés respondeu dizendo: "Vou me aproximar para ver essa coisa impressionante!" (cf. *Êxodo 3:3)*. Ele teve a oportunidade inacreditável de se encontrar com Deus e de experimentar sua presença, o que só poderia ter acontecido naquele momento e naquele lugar. Depois disso, tudo mudaria. Seu caminho e sua direção logo ficaram claros.

Há um propósito para cada período, até mesmo para o deserto. Que direção você busca hoje? Deus se revelará a você de novas maneiras, mesmo em tempos de seca, se você continuar a buscá-lo.

Querido Pai celestial,
O Senhor conhece o período que estou vivendo e pode ver meu coração. Tu conheces meus desejos, ouves meus gritos e tens coisas para mim que somente o Senhor pode realizar. Mostra-me meu propósito hoje e prepara-me para ele. Em nome de Jesus, amém.

DIA 28

Intimidade ou idolatria

> A você, *ó* meu coração, ele diz: "Busque a minha face!". A tua face, S<small>ENHOR</small>, buscarei.
>
> SALMOS 27:8

Quando temos de esperar em Deus em um lugar desconhecido, podemos ser tentados a resolver o problema com as próprias mãos. Queremos acelerar a jornada e ir direto às promessas, direto às coisas boas.

Assim, a nossa igreja hoje se assemelha muito ao povo que Moisés levou ao monte Sinai. Eles receberam a promessa de libertação, e Deus manifestou seu poder de maneira triunfante com a abertura do mar Vermelho e a destruição de seus captores.

Contudo, quando Moisés os libertou do Egito, eles não foram direto para a Terra Prometida. Lembre-se do que Deus, por intermédio de Moisés, disse ao faraó: "Deixe ir o meu povo, para prestar-me culto no deserto" (cf. *Êxodo 7:16*). *Ele disse isso sete vezes.* A Terra Prometida nunca é mencionada.

Moisés primeiro teve de levar o povo ao deserto. Ele os levou para onde havia encontrado Deus na sarça ardente no monte Sinai, pois queria que eles também encontrassem a presença do Senhor. Infelizmente, os israelitas queriam apenas as promessas de Deus.

Nós conhecemos a história. Quando Moisés levou os israelitas ao encontro de Deus, eles recuaram aterrorizados, não por temerem a Deus, mas com o medo de perder a própria vida! Então pediram para Moisés agir como intermediário entre eles e o Senhor. Enquanto Moisés estava no monte, o povo ficou impaciente e coagiu o irmão de Moisés, Arão, a fazer um bezerro de ouro para adorar. Eles criaram a própria versão de Deus e quiseram adorá-la. *Não negaram que Jeová os havia libertado da escravidão*, apenas substituíram a imagem dele por uma divindade manejável que lhes daria o que sua carne ansiava.

Muitos cristãos fazem isso ainda hoje; chamam Jesus de Senhor, mas não o seguem. Em vez disso, seguem a própria vontade. *Não esperam o tempo do Senhor, mas agem* segundo as próprias necessidades e escolhem apenas as passagens das Escrituras a que querem obedecer.

Quem é o Jesus que você segue? *É* uma pessoa que pensa, fala e anda como todas as outras? Essa imitação de Jesus apenas levará você para onde o bezerro de ouro conduziu os israelitas: a lugar nenhum. Um lugar árido de peregrinação.

O Senhor libertou os israelitas do Egito para levá-los a ele, para ser seu Deus e para que eles fossem seu povo. Deus sempre deseja intimidade conosco.

Quais ídolos estão no caminho da intimidade com Deus para você hoje? Você consegue reconhecê-los? Consegue chamá-los pelo nome? Identifique-os, destrua-os e corra para Deus!

Intimidade ou idolatria

*Querido Pai celestial,
Perdoa-me pelas vezes em que substituí tua imagem por um falso deus que me concederia o que meus desejos egoístas desejavam. Eu me arrependo. Por favor, dá-me forças para adorar o verdadeiro Jesus, não uma imitação. Desejo ter intimidade com o Senhor acima de tudo. Peço isso em nome de Jesus, amém.*

DIA 29

Construa um alicerce firme

Aleluia! Bem-aventurado aquele que teme ao Senhor e tem grande prazer nos seus mandamentos!
SALMOS 112:1

"Não, não construa sua casa na areia. Não, não construa na beira do mar."

Você consegue ouvir a música que tantas crianças aprendem a cantar na escola dominical? Embora seja uma melodia simples, a verdade contida na letra *é profunda. A música é baseada na conclusão do famoso Sermão d*o Monte de Jesus, e a letra ressalta a força de um bom alicerce.

As duas personagens da história de Jesus pareciam ter uma casa bem construída. No entanto, as tempestades testaram a força do alicerce de cada casa, e eles viram a realidade. Embora seja fácil pensar que somos construtores prudentes, não devemos presumir isso.

Você sabia que a diferença entre areia e rocha é muito mais sutil do que imagina? Uma *é feita basicamente de* pequenas partículas da outra, assumindo a forma do molde em que é colocada. Esse é um exemplo do que muitas pessoas fazem hoje em nossa cultura.

Construa um alicerce firme

Sabemos o valor da leitura da Palavra de Deus. No entanto, há cada vez mais pessoas que se concentram nas partes das Escrituras que consideram confortáveis, enquanto ignoram as seções difíceis de obedecer ou com as quais os outros podem ficar ofendidos. Jesus estava falando sobre isso em sua ilustração sobre o homem prudente e o homem tolo. Ambos ouviram a Palavra de Deus, mas apenas um deles realmente deu ouvidos às palavras.

Em essência, existem algumas pessoas que temem a Deus e tremem diante de sua Palavra, assegurando-se sobre um alicerce firme. E há outras que não o temem nem tremem diante de sua Palavra. Elas se deleitam em ouvir, mas, quando a obediência interfere no desejo pessoal, ignoram a instrução e, consequentemente, fundamentam-se sobre um alicerce defeituoso.

O apóstolo Tiago nos alertou: "Sejam praticantes da palavra, não apenas ouvintes, enganando a vocês mesmos" (Tiago 1:22). Deus nos deu todas as coisas necessárias para ter uma vida piedosa. As Escrituras estão cheias de grandes promessas. "Dessa maneira, ele nos deu as suas grandiosas e preciosas promessas, para que por elas vocês se tornassem participantes da natureza divina, tendo escapado da corrupção que há no mundo, causada pelos maus desejos" (2Pedro 1:4). *São* essas promessas que nos ajudam a construir um alicerce *sólido*.

Querido Pai celestial,

Ajuda-me a ser não apenas um ouvinte da Palavra, mas também um praticante. Sei que preciso construir um alicerce sólido para me proteger durante as tempestades da vida. Agradeço por revelar o teu caráter e as tuas promessas para mim nas Escrituras. Em nome de Jesus, amém.

DIA 30

Confie no Senhor

"Mas bendito é o homem que confia no Senhor, cuja confiança nele está."

JEREMIAS 17:7

A coragem nos leva adiante, apesar dos medos que podem surgir em situações de incerteza. Confiar em nós mesmos não nos levará longe. Confiar em Cristo, porém, nos dá coragem para enfrentar qualquer adversidade que possa surgir.

Eu tinha 23 anos quando me casei com Lisa. Duas semanas depois de completar 24 anos, recusei um emprego muito bom como engenheiro mecânico em um projeto multimilionário da Marinha dos Estados Unidos. Deus havia me direcionado para meu chamado para pregar o evangelho. Meu primeiro passo para isso foi dirigir uma van para cuidar das necessidades pessoais de meu pastor e de sua família.

Com o novo emprego, meu salário diminuiu consideravelmente. Durante quatro anos e meio, Lisa e eu vivemos em dificuldades, mas vimos como Deus sempre nos sustentava.

Foi nessa época que um homem me convidou para ir às Filipinas para pregar com ele. A passagem de avião custava 2 mil dólares.

Ele me disse: "Vou pagar metade da sua passagem. Creia que Deus pagará a outra metade."

Uma semana antes de partir, eu ainda não tinha dinheiro para pagar, e Lisa veio falar comigo. "John, por favor, prometa que você não vai entrar naquele avião se Deus não nos der mil dólares."

"Eu dou minha palavra de que não vou entrar."

Embora eu tivesse contado sobre a oportunidade de evangelização nas Filipinas às pessoas da grande igreja que frequentávamos, ninguém se prontificou a ajudar. A situação não parecia boa.

O homem mais rico da igreja se ofereceu para me levar ao aeroporto, mas, na manhã de segunda-feira em que eu viajaria, um aluno da escola bíblica apareceu em meu apartamento. O jovem explicou que o rico não poderia mais me levar e ligou para ele para saber se poderia ajudar.

No caminho para o aeroporto, enfrentei minha realidade. Eu só tinha 25 *dólares na carteira e prometi a Lisa que não entraria naquele avião sem* o dinheiro da passagem.

"Você precisa arrumar uma solução", eu disse a mim mesmo.

Imaginei que a pior hipótese seria ver meu avião decolar e depois usar os 25 *dólares para pegar um táxi* de volta para casa.

Naquela época, eram permitidos acompanhantes nos terminais aéreos com os passageiros, então o estudante insistiu em ir comigo até o portão para ajudar com a bagagem. Quando chegamos ao portão, ele largou minhas malas e disse:

"Na quarta-feira passada eu soube que você faria uma viagem. E o Espírito Santo me disse que você precisava de mil dólares para a passagem."

Eu nunca havia contado a ninguém a quantia específica. A ninguém. No entanto, esse foi o número exato que ele disse. O estudante continuou:

"Fiquei acordado metade da noite de quarta-feira discutindo com Deus. Eu finalmente disse: 'Deus, se o Senhor providenciar uma forma milagrosa para eu entregar o dinheiro a ele, eu farei'."

O jovem explicou então que o empresário telefonou na noite seguinte para pedir que ele me levasse ao aeroporto. Após o pedido, o aluno quase caiu da cama.

"Você conseguiu o dinheiro. Agora entre no avião."

Essa foi uma das viagens mais importantes e transformadoras de toda a minha vida. Eu lembro que liguei para Lisa do aeroporto depois.

"Você consegue acreditar neste milagre gigantesco?"

Esse incidente me deu coragem para crer em Deus e receber milhões de dólares para ajudar pastores e líderes em países em desenvolvimento e que sofriam perseguição. Andamos de fé em fé, mas precisamos começar pelas pequenas coisas.

Milagres acontecem. Somente precisamos ter coragem para encontrá-los.

Pense em uma ocasião em que Deus respondeu algo de uma forma que você *não esperava*. Depois, pense em como precisa confiar na provisão de Deus para os desafios enfrentados hoje.

Querido Pai celestial,
Peço fé para receber tua sabedoria ao ler a Palavra, orar e ouvir os santos conselhos daqueles que temem ao Senhor. Dá-me forças para crer e obedecer, mesmo que não faça sentido. Em nome de Jesus eu oro, amém.

PARTE 4

Quando você precisa de coragem para viver com uma fé ousada

DIA 31

Manifeste-se

Surgiu um homem enviado por Deus, chamado João. Ele veio como testemunha para testificar acerca da luz, a fim de que por meio dele todos os homens cressem. Ele próprio não era a luz, mas veio como testemunha da luz.

JOÃO 1:6-8

Se a cultura do cancelamento existisse antes de Jesus iniciar seu ministério, João Batista seria o primeiro a ser excluído. Ele jamais deixou de dizer às pessoas que elas deveriam se arrepender e se preparar para a vinda do Salvador. Multidões chegavam de toda parte para ouvi-lo pregar, e quem confessava seus pecados era batizado por João no rio Jordão. Entretanto, quando os fariseus e os saduceus apareceram querendo ser batizados, ele os repreendeu: "[...] Raça de víboras! Quem deu a vocês a ideia de fugir da ira que virá? Deem fruto que mostre arrependimento" (Mateus 3:7-8).

Nada em João Batista estava de acordo com sua cultura: ele parecia louco e rebelde e vivia da terra, comendo gafanhotos e mel silvestre. No entanto, falava com sinceridade e verdade.

Você já teve medo de se expressar com esse mesmo tipo de honestidade? Houve um tempo em que as pessoas que discordavam

Manifeste-se

entre si ainda conseguiam ter conversas saudáveis, mas agora somos condenados ao ostracismo e atacados quando compartilhamos nossas opiniões e crenças, sobretudo quando não estão em conformidade com a cultura popular. Muitas vezes permanecemos calados.

Todos nós somos embaixadores de Cristo e, tal como João Batista, não podemos simplesmente dizer às pessoas o que elas querem ouvir. Se realmente as amamos, temos de falar a verdade. Sim, deveríamos fazer isso com espírito de amor, mas não devemos nos esquecer de *falar*.

O apóstolo Paulo também falou a verdade, conforme compartilhou em Atos: "Vocês sabem que não deixei de pregar a vocês nada que fosse proveitoso, mas ensinei tudo publicamente e de casa em casa. Testifiquei, tanto a judeus como a gregos, que se arrependam diante de Deus e creiam em nosso Senhor Jesus" (20:20-21).

Não se recolha. Como fez João Batista, dê testemunho de Jesus, a Luz do mundo.

Querido Pai celestial,
Ajuda-me a jamais hesitar em compartilhar a mensagem de Jesus Cristo ao mundo. Que eu seja uma luz brilhante neste mundo escuro. Em nome de Jesus, amém.

DIA 32
Não desista

Para que vivam de maneira digna do Senhor, agradando-lhe em tudo. Assim, vocês frutificarão em toda boa obra.

CF. COLOSSENSES 1:10

Você já viu o mal no mundo de hoje e entendeu que deveria se manifestar, mas permaneceu em silêncio? É fácil ficar calado nestes dias de cultura de cancelamento e de linchamento virtual. No entanto, como crentes em Cristo, não podemos ficar mudos na plateia, observando a insanidade e as injustiças do mundo. Precisamos proclamar a esperança de Jesus Cristo sempre que possível, sobretudo em meio à escuridão ou ao desespero.

William Wilberforce jamais se conteve quando se tratou de expressar a verdade que Deus colocou no coração dele. Como jovem membro do Parlamento da Grã-Bretanha, aos vinte anos entregou a vida a Cristo e dedicou-se a viver sua fé de uma forma muito pública. Vivendo no final do século 18, no auge do comércio de escravos, Wilberforce viu a maldade da escravidão e decidiu defender o fim dela.

No discurso sobre a abolição em 1789, Wilberforce disse: "Eu tomo coragem e estou determinado a esquecer todos os meus outros

Como crentes em Cristo, não podemos ficar mudos na plateia, observando a insanidade e as injustiças do mundo.

medos e marcho com um passo mais firme, na plena certeza de que minha causa está a meu favor."[1]

Durante anos, Wilberforce fez exatamente isso, marchando no Parlamento para apresentar projetos de lei para a abolição, mas nenhum deles foi aprovado. Mesmo assim, ele jamais desistiu. Após vinte anos de luta, o projeto de lei foi aprovado por uma maioria surpreendente na Câmara dos Comuns, que finalmente aboliu o comércio de escravos nas Índias Ocidentais Britânicas.

A dedicação demonstrada por William Wilberforce somente poderia ter vindo da fé que estava nele. Na introdução de seu livro *Cristianismo verdadeiro*, Wilberforce escreveu sobre sua fé:

> Fico incomodado quando vejo que a maioria dos "cristãos" compreendem tão pouco a verdadeira natureza da fé que professam. A fé é um assunto de tamanha importância que não devemos ignorar por causa das distrações ou do ritmo frenético de nossa vida. A vida como a conhecemos, com todos os seus altos e baixos, acabará em breve. Todos nós prestaremos contas a Deus sobre o modo como vivemos.[2]

Como você vive sua fé dia após dia? Como consegue compartilhar sua caminhada cristã com outras pessoas, mesmo que isso coloque você em conflito com elas? Como consegue, conforme William Wilberforce declarou, "afirmar a causa de Cristo com ousadia em uma época em que tantos, que recebem o nome de cristãos, se envergonham dele"?[3]

Não desista

Querido Pai de santidade,
Louvo ao Senhor por tua glória e majestade. Ajuda-me a viver de uma maneira digna e agradável ao Senhor. Ajuda-me a dar frutos e a combater a injustiça com a tua verdade. Não me deixes esquecer que carrego o nome de Cristo e concede-me uma fé mais ousada. Em nome de Jesus, amém.

DIA 33

Ame o que Deus ama

Temer ao SENHOR é odiar o mal; odeio o orgulho e a arrogância, o mau comportamento e o falar perverso.

PROVÉRBIOS 8:13

Quando foi a última vez que você se sentiu completamente incapaz? Talvez tenha sido em um emprego ou em um relacionamento. Talvez tudo o que você tentou fazer tenha fracassado e nenhuma das soluções levou a algum lugar.

Houve uma época em minha vida em que eu estava pregando, mas minhas palavras pareciam não ter vida. Eu pedia para Deus colocar um pouco de força em minhas palavras. Todos os dias, acordava às 4h45 da manhã a fim de sair às 5h para orar. Eu orava por cerca de uma hora e meia todas as manhãs. Todavia, ainda assim, não via uma grande mudança.

Fiquei frustrado e um dia clamei a Deus: "Eu leio a Bíblia. Eu oro de uma hora e meia a duas horas todos os dias. Estou vivendo uma vida de santidade. Então, por que não há uma unção mais forte em minha vida?"

O Espírito Santo respondeu imediatamente: "Porque você tolera o pecado, não apenas em sua vida, mas na vida dos outros."

Ame o que Deus ama

Ele então me mandou ler Hebreus 1 para ouvir o que Deus Pai diz sobre a autoridade de Jesus. Comecei a ler, mas, quando cheguei aos versículos 8 e 9, o Espírito Santo me fez parar e ler novamente: "[...] O teu trono, ó Deus, subsiste para todo o sempre; cetro de justiça é o cetro do teu reino. Amas a justiça e odeias a iniquidade; por isso, Deus, o teu Deus, te ungiu com óleo de alegria, acima dos teus companheiros."

Eu entendi a parte sobre amar a justiça. Todo cristão ama a justiça ou aspira a amá-la. Mas e quanto a odiar a iniquidade? Essa parte expôs minha falta de convicção.

De repente, comecei a ver o que o Espírito Santo estava me dizendo: se eu aprendesse a odiar o pecado da mesma forma como Jesus odeia, veria a unção de Deus aumentar em minha vida. Havia pecados que eu tolerava, ignorava, não gostava, mas não odiava, não apenas em minha vida, mas na vida de outros cristãos próximos de mim.

Para não haver mal-entendidos, vou esclarecer uma coisa. Fico incomodado quando as pessoas dizem: "Temo a Deus e é por isso que odeio quem vive em pecado dessa forma." Porque esta é a verdade: você não teme a Deus. Você não o teme de forma alguma, pois odeia quem ele ama. Deus amou cada um de nós de tal maneira que deu seu único Filho para nos salvar.

Deus odeia o *pecado*. Ele odeia qualquer coisa que nos desfaça, porque nos ama apaixonadamente, ama cada pessoa deste planeta.

Quando tememos a Deus, andamos segundo o coração dele. Queremos estar o mais perto dele possível. O temor do Senhor é um presente de nosso amoroso Pai celestial que nos protege de nos afastar dele. Quando começamos a tolerar o pecado, em vez de odiá-lo, começamos a nos afastar de Deus.

Querido Pai celestial,
Ajuda-me a amar todas as pessoas, porque sei que o Senhor ama todas as pessoas, mas também ajuda-me a odiar o pecado, que o Senhor odeia. Abre meus olhos para os pecados que tolero, pois Jesus deu a vida para nos libertar desses pecados. Em nome de Jesus, amém.

DIA 34

Nade contra a maré

Com amor leal e fidelidade se faz expiação pelo pecado; com o temor do S<small>ENHOR</small> o homem evita o mal.

PROVÉRBIOS 16:6

Em junho de 1971, Billy Graham ministrou seu famoso sermão intitulado "Quem é Jesus" durante uma cruzada em Chicago. No evento que durou dez dias, quase 12 mil pessoas tomaram a decisão de seguir a Cristo. Graham alertou seus ouvintes sobre essa decisão:

> Acho que, de muitas maneiras, é mais fácil não ser cristão neste mundo porque o diabo pode deixar você em paz. Ao receber a Cristo como Salvador, você estará propenso a isso, a menos que viva de joelhos e permaneça nas Escrituras, não baixe a guarda e use sua armadura espiritual em todos os momentos. Porque, se você se descuidar pelo menos um dia como cristão, você estará em apuros. Ao receber a Cristo, todo o mundo está indo em uma direção. Você dá meia-volta e vai contra a maré como cristão. E isso é difícil.[1]

Um dos primeiros heróis da fé demonstrou isso. José era bisneto de Abraão, e Deus mostrou a José em sonho que um dia ele seria um grande governante, reinando até mesmo sobre os próprios irmãos. No entanto, logo após receber essa promessa, José foi jogado em uma cova e passou a década seguinte na escravidão e pelo menos mais dois anos em uma masmorra. Entretanto, a Bíblia não mostra qualquer evidência de que José baixou a guarda ou optou por seguir o caminho mais fácil.

José não abandonou a esperança em Deus.

José não se esqueceu do sonho que Deus lhe deu.

José temia a Deus.

Esse temor a Deus talvez tenha sido mais nítido quando José evitou a tentação e não cedeu à sedução da esposa de Potifar. Ele declarou: "Não há ninguém nesta casa maior do que eu. Ele [Potifar] nada me negou, a não ser a senhora, porque é a mulher dele. Como poderia eu, então, cometer algo tão perverso e pecar contra Deus?" (Gênesis 39:9).

A obediência de José a Deus o levou a uma masmorra escura, mas ele se manteve forte. Por mais de doze anos, viveu em um deserto espiritual em que nada parecia acontecer em favor dele. No entanto, havia um reservatório interior do qual José bebia. Esse reservatório lhe proporcionou a coragem necessária para obedecer a Deus em tempos de dificuldade e de silêncio.

José manteve sua armadura espiritual e recusou se separar do Senhor. Ele era sábio em seu comportamento porque temia a Deus. "A instrução da sabedoria é de temer ao Senhor" (cf. Provérbios 15:33). Essa sabedoria fez que José finalmente

brilhasse no Egito, quando suas virtudes foram reveladas a toda uma nação pagã.

A realidade é que é difícil ser cristão no mundo de hoje. Todos os dias, temos de "viver conforme as Escrituras e não baixar a guarda", como afirmou Billy Graham. Esteja sempre vestido da armadura espiritual. Você precisará dela.

Querido Pai, que criou todas as coisas e que tudo governa, Agradeço por nos dar as ferramentas necessárias para permanecermos equipados na fé. Ajuda-me a não baixar a guarda hoje, nos aspectos grandes e nos pequenos. Ajuda-me a temer ao Senhor e não a este mundo. Em nome de Jesus Cristo, amém.

DIA 35
Passe pelo fogo

"Pois quem quiser salvar a sua vida a perderá, mas quem perder a sua vida por minha causa a encontrará."

MATEUS 16:25

A história registra o heroísmo de Joana D'Arc, a camponesa que liderou o exército francês à vitória e que mais tarde foi queimada na fogueira por heresia quando tinha apenas dezenove anos. No entanto, há outra Joan heroica que deveria ser celebrada na história da fé cristã. O nome dela era Joan Mathurin.

Alguns dos primeiros cristãos conhecidos foram os valdenses, que eram crentes em Jesus Cristo localizados nos vales dos Alpes. Eles fundaram igrejas e espalharam o evangelho por toda a região onde atualmente ficam a Itália, a França, a Alemanha, a Espanha e a Polônia. Foram duramente perseguidos, "marcados e queimados como hereges",[1] e a fé e a obediência deles os tornaram essenciais para pessoas-chave, como John Wycliffe, durante a Reforma Protestante que ocorreu depois deles.

Um desses mártires foi Joan Mathurin. Em 1560, depois que o marido foi preso por dirigir orações familiares e se recusar a renunciar à fé, ele foi condenado a ser queimado vivo, Joan visitou-o na prisão, não somente porque o amava, como também para encorajá-lo a permanecer firme na fé até o fim. Quando os magistrados viram as ações de Joan, ordenaram que ela mandasse o marido obedecer-lhes. Em vez disso, ela permaneceu forte e proclamou o nome de Jesus Cristo.

Eles a chamavam de "demônio herege", dizendo que ela deveria temer morrer e ser colocada nas chamas com o marido.

"Temo aquele que é capaz de lançar o corpo e a alma num fogo mais terrível do que o de suas fogueiras", afirmou Joan.[2]

No dia seguinte, Joan e o marido foram conduzidos à praça pública, amarrados a estacas de madeira e queimados vivos. Nenhum dos dois jamais negou a Jesus, apesar do terror indescritível de sua morte.

Consegue imaginar ser assassinado por causa de sua fé? Uma coisa é ser envergonhado publicamente ou intimidado em particular por suas crenças cristãs, mas o que você faria se defender Jesus Cristo significasse ser condenado à morte? Quão forte você seria?

Mártires cristãos como Joan Mathurin e o marido são exemplos para estudarmos e analisarmos. O que tornou a fé do casal tão forte? Como conseguiram permanecer tão dedicados e corajosos diante da perseguição? As palavras de Paulo a Timóteo esclarecem a fonte da sua força: "Portanto, você, meu filho, fortifique-se na graça que há em Cristo Jesus" (2Timóteo 2:1). A graça gratuita de Deus não apenas nos perdoa, mas nos capacita a permanecer firme da verdade dele, não importa a oposição.

Passe pelo fogo

Querido Pai,
Abre meu coração e ajuda-me a ter uma fé que resista a todos os ataques. Ajuda-me a valorizar as coisas eternas. Anseio obedecer à Palavra, mesmo que seja perseguido por causa de minhas crenças ou obediência. Em nome de Jesus, amém.

DIA 36

Manifeste a verdade de Deus

"Por isso, os homens o temem; não dá ele atenção a todos os sábios de coração?"

JÓ 37:24

Alguns anos atrás, entrei em um avião e ouvi o Espírito Santo me pedir para abrir a Bíblia em Jó 32.

Ah, não... Jó, não.

Sinceramente, há dois livros da Bíblia que abordo com um pouco de apreensão e me encontro realmente inclinado à sabedoria do Espírito Santo: Jó e Eclesiastes. Eu gosto, de fato, do livro do Apocalipse, mas Jó é um desafio para mim.

No entanto, ao ouvir o Espírito falar, temos de parar para escutar. Então abri a Bíblia e comecei a ler. Nessa parte do livro, Jó foi duramente testado e sofreu muito. Após tentar dar sentido a uma perda devastadora, ele caiu em desespero e, apesar dos conselhos dos amigos, sentiu-se abandonado e confuso.

Mas então um jovem e sábio pregador chamado Eliú, que permanecera calado na esperança de ouvir sabedoria dos homens mais

Manifeste a verdade de Deus

velhos (Jó e seus três amigos), enfim se manifestou. Ele falou com ousadia e não hesitou em dizer a verdade a Jó.

"Já cansei de ouvir isso", Eliú basicamente disse aos outros que ofereciam conselhos. "Vocês não estão falando com sabedoria. Como sou mais jovem, esperei para falar, pensando que viria sabedoria de vocês."

Eliú começou a falar a verdade a Jó e aos outros sem rodeios. As últimas palavras que dirigiu a Jó e seus amigos foram: "Por isso, os homens o temem; não dá ele atenção a todos os sábios de coração?" (Jó 37:24).

No versículo seguinte, o Senhor veio em um redemoinho e manifestou sua presença.

Após ler essas palavras, ouvi Deus falar comigo naquele avião: "John, você notou que a minha presença não se manifestou enquanto Jó ou os três amigos falavam? Somente manifestei minha presença depois que alguém falou a verdade sem rodeios, com um coração amoroso. Há inúmeras igrejas neste país que me deturpam, e minha presença não está se manifestando."

Senti uma profunda culpa.

Ao longo da história da igreja, os cristãos foram apedrejados, torturados e excomungados. Mas e hoje? Há líderes de igrejas bebendo com celebridades e reduzindo seu chamado a *coaches* de famosos. O objetivo deles agora é inspirar, em vez de pregar a Palavra de Deus com amor.

Não estou tentando ser crítico demais. E, com quatro filhos e noras, entendo a vontade de ser relevante. Tudo bem ser descolado, desde que não comprometa a verdade. Contudo, hoje em dia, na igreja, a comunidade e a popularidade muitas vezes superam o senhorio de Jesus. E isso está destruindo pessoas, que estão abandonando a fé em massa. Por quê? Porque não estamos ensinando, repreendendo e exortando com a verdade da Palavra de Deus. Porque falta o temor ao Senhor.

Quando os líderes falarem o que Deus fala, a presença dele se manifestará!

Gracioso Pai,
Perdoa-me quando busco ao Senhor com uma atitude muito casual. Ajuda-me a não perder de vista quem o Senhor é. Ajuda-me a sempre falar a sua verdade aos outros. Em nome de Jesus eu oro, amém.

DIA 37

Compreenda o amor do Senhor

Como são preciosos para mim os teus pensamentos, ó Deus! Como é grande a soma deles! Se eu os contasse, seriam mais do que os grãos de areia. Se terminasse de contá-los, eu ainda estaria contigo.

SALMOS 139:17-18

E se vivêssemos cada momento do dia acreditando realmente nas palavras que o rei Davi escreveu nesse salmo? E se acreditássemos na verdade de que os pensamentos de Deus sobre nós são mais do que todos os grãos de areia que cobrem a terra?

Os entusiastas das ciências e da matemática dizem que, conforme o tamanho e a compactação, existem aproximadamente de 500 milhões a 1 bilhão de grânulos de areia em *0,03 metros cúbicos*. Sabendo disso, fica até difícil compreender a incrível quantidade de areia da última praia que você visitou. Se somarmos cada grão de areia do planeta, ainda não chegaremos à quantidade de pensamentos de Deus sobre nós!

Jesus fala do quanto Deus presta atenção em nós em Lucas 12:6-7: "Não se vendem cinco pardais por dois asses? Contudo, nenhum deles é esquecido por Deus. Até os cabelos da cabeça de vocês estão todos contados. Não tenham medo; vocês valem mais do que muitos pardais!"

Deus nos ama tanto que sabe quantos fios de cabelo temos na cabeça. Estima-se que a maioria dos humanos tenha em média 100 mil fios de cabelo no couro cabeludo. Se você colocar 10 mil pessoas em uma sala, acha que conseguiria saber qual delas tem 99.569 fios de cabelo? Mesmo que adivinhasse corretamente, você estaria errado minutos depois, porque uma pessoa perde, em média, de cinquenta a cem fios de cabelo por dia. Deus sabe nosso número exato em qualquer momento.

Deus não apenas pensa em nós e nos conhece mais do que podemos compreender. Seu amor por nós é insondável. Jesus compartilha esta declaração surpreendente em uma oração: "para que o mundo saiba que tu [Deus] me enviaste e os amaste assim como amaste a mim" (João 17:23).

A profundidade do amor de Deus e o valor que ele atribui a você são incompreensíveis, e esse amor deve lhe dar coragem para viver sua fé com ousadia. Se o amor dele é tão grande, existe alguma coisa que você não consiga superar? Por isso, está escrito: "No amor não há medo; pelo contrário, o perfeito amor expulsa o medo [...]" (1João 4:18). Pense nisso ao longo do dia; ame as pessoas que encontrar e atenda às necessidades delas.

O amor de Deus deve lhe dar **coragem** para viver sua fé com **ousadia**.

Querido Pai celestial,
Não consigo entender o quanto o Senhor me conhece nem o quanto se importa comigo. Tu conheces cada fio de cabelo da minha cabeça e me amou o suficiente para enviar teu Filho, Jesus, para morrer em meu lugar. Ajuda-me a compreender teu amor e a viver minha fé com ousadia. Em nome de Jesus, amém.

DIA 38
Continue seguindo

Assim também vocês, quando tiverem feito tudo o que for ordenado, devem dizer: "Somos servos inúteis; apenas cumprimos o nosso dever".

LUCAS 17:10

"Sigam-me."

Essas foram as primeiras palavras que Jesus disse a Simão Pedro às margens do mar da Galileia. Pedro e André estavam pescando quando Jesus os chamou e disse: "Sigam-me, e eu os farei pescadores de homens" (cf. Mateus 4:19).

Anos depois, tudo mudou. Mesmo após seguir Jesus durante todo o seu ministério, Pedro testemunhou sua prisão e depois negou que o conhecesse. Jesus continuou obediente à vontade de Deus e morreu como um criminoso na cruz. Quando o anjo do Senhor apareceu a Maria Madalena no túmulo para compartilhar a notícia da ressurreição de Jesus, Pedro ficou abalado a ponto de desistir.

"Vão e digam aos discípulos dele e a Pedro: 'Ele está indo adiante de vocês para a Galileia. Lá vocês o verão, como ele disse a vocês'" (Marcos 16:7).

O anjo destacou Pedro porque o discípulo estava afundado em culpa e tristeza. Quando Pedro finalmente viu Jesus depois de pescar no mar de Tiberíades, o Senhor o encorajou.

"Em verdade lhe digo que, quando você era mais jovem, se vestia e ia para onde queria, mas, quando for velho, estenderá as mãos e outra pessoa o vestirá e o levará para onde você não deseja ir" (João 21:18).

Acredito que Jesus estava dizendo a Pedro: "Você pode já ter falhado comigo, mas chegará o dia em que enfrentará seu maior medo e será vitorioso."

Pedro pode ter negado Jesus, mas, no final das contas, ele o seguiu até o fim. Pedro entendeu que era impossível cumprir o chamado de Deus com sua própria capacidade. O apóstolo sabia que o antídoto para o medo do homem era viver com temor reverente a Deus (1Pedro 1:13-17).

Pedro seria testado novamente, mas seria vitorioso dessa vez. Pedro obedeceu a Jesus e continuou a segui-lo. Ele também cumpriu o que havia jurado anteriormente a Jesus: morreu antes de negá-lo. A história revela que Pedro foi crucificado de cabeça para baixo depois que o discípulo insistiu que não era digno de morrer da mesma forma que Cristo morreu.

Podemos cometer erros e fracassar, mas Pedro é um exemplo de como enfrentar medos e fraquezas com a graça de Jesus Cristo. A vida de Pedro é um exemplo de como ser forte até o fim.

Continue seguindo

*Querido Pai celestial,
Sem Jesus, sou um servo indigno diante de teus olhos. Serei eternamente grato ao Senhor por me tornar digno de Cristo. Perdoa-me por não obedecer aos teus mandamentos e não dar ouvidos a tuas palavras quando estou sob a pressão da hostilidade de outros. O Senhor é digno de ser seguido. Em nome de Jesus, amém.*

DIA 39

Medite na Palavra

A tua palavra é lâmpada para os meus passos e luz para o meu caminho.

SALMOS 119:105

O evangelista, editor e fundador de uma igreja em Chicago, D. L. Moody conhecia o valor de estudar as Escrituras. Em seu livro *Pleasure & Profit in Bible Study* [Prazer e proveito no estudo bíblico], escreveu:

> Ao orar, eu converso com Deus, mas, ao ler a Bíblia, é Deus quem está falando comigo; e é mais importante Deus falar comigo do que eu falar com ele. Acredito que saberíamos orar melhor se conhecêssemos mais a nossa Bíblia. Para que serve um exército se não sabe usar suas armas?[1]

Jamais duvide: as Escrituras renovam nossa mente. É um mapa que nos orienta na caminhada diária com Deus. É um manual de instruções para a vida.

Segundo um estudo do *Center of Bible Engagement*, as pessoas que leem a Palavra de Deus quatro vezes por semana têm:

- 30% menos probabilidade de se sentirem sozinhas;
- 32% menos probabilidade de ficarem com raiva;
- 40% menos probabilidade de serem amarguradas;
- 57% menos probabilidade de sofrerem de dependência ao álcool;
- 59% menos probabilidade de assistirem à pornografia;
- 60% menos probabilidade de se sentirem espiritualmente estagnadas.[2]

Além disso, nunca foi tão fácil ler as Escrituras. Posso ler e ouvir a Bíblia no telefone e no *tablet*, mas, quando se trata de ter um tempo a sós com o Senhor, ainda prefiro uma Bíblia física diante de mim. Dessa forma, posso destacar as partes que Deus usa para falar comigo.

Muitas pessoas têm como meta ler a Bíblia toda em um ano. Sinceramente, fiz isso poucas vezes na vida. Isso pode ser um desafio para as pessoas, porque, quando usamos um plano para ler a Bíblia diariamente e depois perdemos alguns dias, tentamos compensar os dias perdidos, investindo mais na próxima vez que abrirmos as Escrituras. Se o intervalo aumentar, podemos nos sentir sobrecarregados nas sessões de leitura.

Sabe como é isso? Imagine pular seis ou sete refeições. Então imagine tentar compensá-las de uma só vez. Em um prato você come ovos mexidos e bacon. Em outro prato há carne, legumes e salada. Depois você come um prato de macarrão. Em seguida come peito de frango e batatas fritas...

Não há como se empanturrar com toda essa comida. E você não ficará bem alimentado como ficaria se tivesse uma dieta equilibrada.

O mesmo vale para a leitura das Escrituras. Não podemos nos empanturrar assim. Não podemos ficar abarrotados somente para atingir uma meta.

Em vez disso, se você perder um dia, diga a si mesmo: "Tudo bem. Vou fazer somente a leitura bíblica de hoje." Não tente compensar a leitura do dia anterior. Sua meta não é ler a Bíblia, mas sim ouvir Deus ao se sentar para ler. Você quer que o Espírito Santo revele Jesus a você.

Não há problema em passar trinta minutos em um versículo. Não há problema em passar vários dias sem terminar um capítulo.

O poder das Escrituras não está na contagem de páginas; o poder reside quando você ouve atentamente as passagens e obedece aos mandamentos de Deus.

Mergulhe na Palavra hoje e veja como ela transforma sua vida.

Querido Pai de graça,
Agradeço por falar para mim por meio de tua santa Palavra.
O Senhor é o autor das Escrituras. Perdoa-me por não ouvir mais atentamente e não obedecer aos teus mandamentos.
Em nome de Jesus, amém.

DIA 40
Uma presença forte e poderosa

"Quem dera tivessem sempre no coração esta disposição para temer-me e para obedecer a todos os meus mandamentos! Assim, tudo iria bem com eles e com os seus descendentes para sempre!"

DEUTERONÔMIO 5:29

Você já viu como as pessoas mudam quando um líder forte entra na sala? Elas tendem a endireitar a coluna e a ouvir atentamente e com respeito. A simples presença de um líder ou de alguém com autoridade que possa comandar o recinto inspira os outros a trabalharem mais, a prestarem atenção e a darem o melhor de si.

Quando passamos um tempo na presença de Deus todos os dias, mudamos nossa forma de pensar, agir e obedecer.

Veja Moisés, por exemplo. Ele sentiu a presença de Deus de uma forma insondável e transformadora.

Após tirar os filhos de Israel do Egito, Moisés subiu ao monte Sinai para se encontrar com Deus (Êxodo 19:3-10). Moisés passou um tempo precioso na maravilhosa presença do Criador e ouviu o desejo

Quando passamos um tempo na presença de Deus todos os dias, mudamos nossa forma de pensar, agir e obedecer.

Uma presença forte e poderosa

de Deus de falar pessoalmente com o povo e sobre como se preparar para esse encontro.

Quando Deus desceu ao monte, três dias depois, o povo entrou em pânico e fugiu. "Moisés, não podemos lidar com Deus. Não podemos estar perto de Deus e não podemos ouvir a palavra da boca dele porque morreremos. Então você vai falar com Deus. Conte-nos tudo o que ele disser."

Ao voltar para se encontrar com Deus, Moisés estava magoado com os israelitas. Entretanto, Deus disse que eles estavam certos, que não podiam ouvir sua voz nem sentir sua presença, e explicou a Moisés a razão por trás da incapacidade de entrarem na presença do Senhor: "Quem dera tivessem sempre no coração esta disposição para temer-me e para obedecer a todos os meus mandamentos! Assim, tudo iria bem com eles e com os seus descendentes para sempre!" (Deuteronômio 5:29).

Deus então ordenou a Moisés que mandasse os israelitas voltarem para suas tendas, — voltarem a brincar de igreja. Mas ele também pediu que Moisés ficasse perto dele para poder ouvir sua voz. Daquele dia em diante, a voz de Deus pareceu um trovão para Israel, porém permaneceu audível para Moisés (v. 30-31). Com o tempo, Moisés se aproximou cada vez mais de Deus, enquanto Israel se afastou cada vez mais.

Talvez não tenhamos sentido a glória de Deus dessa forma contundente, mas podemos estar na presença dele todos os dias. É a única forma de conhecer Deus Pai e seu Filho, Jesus. E, estando em sua presença, seremos transformados. Em 2Coríntios 3:18 lemos que somos transformados à semelhança dele de glória em glória. Ao contemplá-lo, nós nos tornamos mais semelhantes a ele.

Passar tempo na presença de Deus muda tudo.

Quer saber como ter coragem para enfrentar este mundo louco? Passe algum tempo nas Escrituras e veja o quanto nosso Deus é incrível e como ele se revela ao povo. Quanto mais você compreender a grandeza de Deus, maior será sua capacidade de temer-lhe e viver com fé ousada.

Querido Pai celestial,
Agradeço por tua presença em minha vida hoje. Ajuda-me a aprender a habitar nela, e não apenas visitá-la. Que eu veja a tua glória. É o que peço em nome de Jesus, amém.

PART 5

Quando você precisa de coragem para conhecer e reverenciar a Deus completamente

DIA 41

Cause uma boa impressão

A beleza é enganosa, e a formosura é passageira; mas a mulher que teme ao Senhor será elogiada.

PROVÉRBIOS 31:30

A publicidade adora nos dizer o que deve ser considerado bonito e importante. Aonde quer que vamos, somos bombardeados por slogans e frases de efeito que prometem experiências inesquecíveis e ofertas incríveis. A vida, aparentemente, consiste em causar impressões favoráveis e em ser lembrado. O mundo nos diz que devemos nos esforçar para ter qualidades que as pessoas jamais esquecerão.

A Bíblia deixa bem claro que tipo de qualidades devemos ter. Se você olhar para a mulher virtuosa de Provérbios 31, verá que ela está repleta de características admiráveis, como ser confiável, sábia, trabalhadora e cheia de energia. Ela exemplifica dignidade em sua presença. Mas qual é sua maior virtude?

"A beleza é enganosa, e a formosura é passageira; mas a mulher que teme o Senhor será elogiada" (Provérbios 31:3).

A verdade é que a importância que essa mulher tem pode ser obtida por qualquer homem ou mulher que tema a Deus.

Cause uma boa impressão

Já conheci muitos líderes e personalidades famosas ao longo dos anos. Interagi com pastores, palestrantes e professores que impactaram muitas vidas. No entanto, as pessoas que tiveram maior impacto sobre mim são aquelas que exemplificaram o verdadeiro temor de Deus.

O que é a verdadeira beleza para você? Que tipo de coisas causam uma ótima impressão em você?

O santo temor e a humildade são as características que trazem honra e riqueza a sua vida. A riqueza não é medida pelo que temos, mas sim pela forma como impactamos os outros. Se quiser ser lembrado, adote o caráter de Cristo buscando continuamente o temor do Senhor.

Querido Pai celestial,
Agradeço por todas as coisas lindas que o Senhor criou em nosso mundo. Abre meu coração para enxergar a verdadeira beleza. Ajuda-me a ser uma pessoa como a mulher de Provérbios 31, vestida com dignidade e com o santo temor do Senhor. Em nome de Jesus, amém.

DIA 42

O tesouro mais valioso

O temor do Senhor será o seu tesouro.
CF. ISAÍAS 33:6

Vamos imaginar uma situação hipotética. E se os contos de fadas, especificamente o do gênio da lâmpada, fossem verdadeiros? Você encontra uma lâmpada, esfrega e dela sai um gênio, que pergunta com entusiasmo: "O que você deseja, meu amo? Peça, e eu farei! Eu darei o que você me pedir!"

Qual seria a sua resposta? Muitos de nós pediríamos felicidade, saúde e segurança para nossa família. Podemos pedir aquela viagem com a qual sempre sonhamos ou uma casa na praia. Alguns podem pensar além e pedir cargos no governo, poder ou grandes riquezas.

Já que tudo isso é um mito, vamos voltar à realidade. Quando o Deus todo-poderoso fez essa pergunta a Salomão, ele não pediu felicidade, riqueza ou uma vida longa (1Reis 3:5-12). Em vez disso, Salomão pediu sabedoria. Ele escreveu: "O princípio da sabedoria é: adquira-a e use tudo o que você possui para adquirir entendimento" (Provérbios 4:7).

O tesouro mais valioso

O que levou Salomão a acreditar nisso? Vamos analisar mais profundamente. O pai de Salomão, o rei Davi, ensinou-lhe que o temor ao Senhor é o princípio da sabedoria (cf. Salmos 111:10). O jovem governante aprendeu que o temor santo não era apenas o ponto de partida, mas também a fonte constante de instrução de sabedoria (cf. Provérbios 15:33). Ao pedir sabedoria, Salomão estava, essencialmente, pedindo temor sagrado, o que o impulsionou a um nível incomparável de êxito, fortuna e fama.

Sendo um dos homens mais sábios e ricos que já existiu, Salomão não somente foi instruído, mas também aprendeu por experiência que o santo temor é o tesouro mais valioso que podemos possuir (cf. Eclesiastes 12:13-14).

O tesouro do santo temor, com sua sabedoria, proporciona inúmeros benefícios. Promove a longevidade[1] e garante um legado eterno.[2] Devora todos os outros temores destrutivos, inclusive o mais perigoso: o temor ao homem.[3] Enche-nos de confiança em situações difíceis e de um ímpeto capaz de enfrentar qualquer adversidade.[4] Mantém-nos em segurança,[5] pois fornece auxílio dos anjos.[6] Torna-nos produtivos e capacita-nos a multiplicar.[7] Satisfaz nossos desejos[8] e proporciona sucesso duradouro,[9] nobreza[10] e grande influência. Faz-nos sentir prazer na vida e em nosso trabalho,[11] bem como a verdadeira felicidade,[12] e concede cura ao corpo.[13*]

Todas essas promessas são feitas àqueles que andam em santo temor. É por isso que ele é chamado tesouro de Deus!

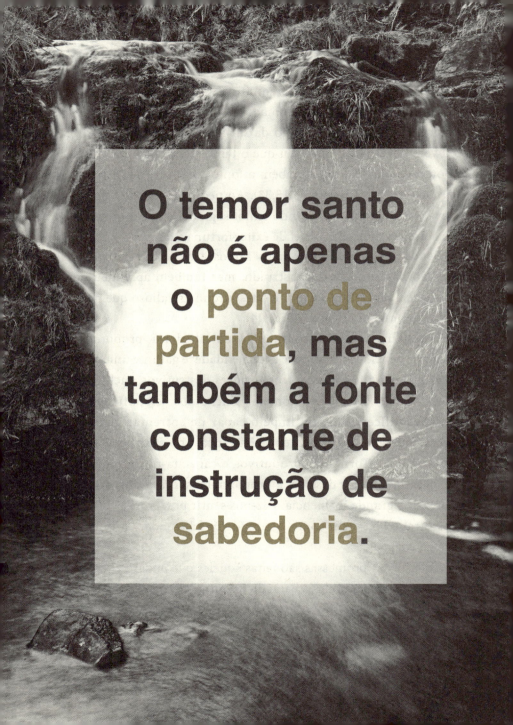

O tesouro mais valioso

*Deus Pai,
Dá-me santo temor para que eu possa andar em tua sabedoria e entendimento. Ajuda-me a conhecer a verdade de Isaías 33:6, que afirma: "O temor do Senhor será o seu tesouro." Concede-me a sabedoria e o conhecimento necessários para viver de maneira agradável a teus olhos. Em nome de Jesus, amém.*

*Observação: as passagens que contêm essas promessas são estas:

1) Provérbios 10:11;
2) Salmos 112:2-3;
3) Salmos 112:8;
4) Salmos 112:7-8;
5) Salmos 112:6;
6) Salmos 34:7;
7) Salmos 128:2; Salmos 25:12-13;
8) Salmos 145:19;
9) Salmos 112:3;
10) Provérbios 22:4;
11) Salmos 128:2;
12) Salmos 112:1;
e 13) Provérbios 3:7-8.

DIA 43

Busque a santidade

Amados, uma vez que temos essas promessas, purifiquemo-nos de tudo o que contamina o corpo e o espírito, aperfeiçoando a santidade no temor de Deus.

2CORÍNTIOS 7:1

O caminho para uma vida corajosa é estreito, pois envolve a busca pela santidade, e ambos ao lado têm valas perigosas e armadilhas nas quais poderíamos facilmente cair: legalismo de um lado e libertinagem do outro.

Observei a primeira armadilha anos atrás, quando a igreja em geral estava entrincheirada no legalismo, promovendo requisitos de estilo de vida que não eram bíblicos e pregando um falso evangelho de salvação por meio das obras. Uma grande revelação nos livrou dessa trincheira horrível: Deus é um Deus de bondade.

Então a igreja fez o que os humanos muitas vezes fazem: fomos ao extremo oposto na tentativa de nos afastar ao máximo daquela trincheira legalista e, com isso, mergulhamos no fosso da libertinagem. Ali, acreditávamos que fomos salvos por uma graça antibíblica que nos permite viver da mesma forma como o mundo vive.

Busque a santidade

No entanto, essa mentira nos impede de experimentar a presença, a bênção e o poder de Deus.

Para muitos, a palavra *santidade* é muito amarga. Ela é vista como uma escravidão legalista ou uma virtude nobre, porém inatingível. Alguns acham que a santidade é chata e que atrapalha a vida, e, por isso, buscá-la seria perda de tempo. Infelizmente, esses homens e mulheres não enxergam a beleza e a força dela. Se enxergassem, eles a buscariam.

É fácil obedecer a Deus em uma igreja ou em um evento no qual a presença dele é forte. Mas e quanto àqueles momentos em que é muito fácil ceder ao pecado? Quando a tentação surge em seu caminho ou a raiva ataca? Quando alguém a quem você ama o magoa ou quando uma oportunidade de traição surge de repente?

A busca pela santidade começa em nosso coração. Ela se origina em nossos pensamentos, motivos e intenções, que orientam a forma como nos comportamos. É somente por meio dessa transformação interior que um dia começaremos a ver Deus, a entrar em sua gloriosa presença. Se você tremer mediante a Palavra de Deus e andar em santo temor, poderá ter uma vida santa. Pois "com o temor do Senhor o homem evita o mal" (cf. Provérbios 16:6).

Uma vida cristã saudável é fundamentada no amor de Deus e em nosso temor a ele. Quando atuamos nessas duas virtudes, entramos em um relacionamento íntimo com o Senhor.

A santidade é a verdadeira liberdade, pois abre o caminho para desfrutarmos de Deus nesta vida.

Querido Pai celestial,
Perdoa-me por negligenciar a busca pela santidade. Ajuda-me a compreender e a crer que a busca pela santidade abre a porta para um encontro com o Senhor. Dá-me um temor reverente a ti, para que eu possa viver a vida abundante para a qual fui chamado. Em nome de Jesus, amém.

DIA 44

Prepare-se diariamente

> Cumpre a tua promessa para com o teu servo, para que sejas temido.
>
> SALMOS 119:38

Qual é a primeira coisa que você faz ao acordar? Pega o celular para ler e-mails e mensagens? Navega pelas redes sociais? Percorre as notícias? A maioria de nós provavelmente gasta mais tempo nas redes sociais e na internet do que lendo as Escrituras. Investimos mais tempo na leitura de blogs e artigos do que na leitura da Palavra de Deus.

Sugiro que você a faça uma breve experiência. Analise como seria o seu dia se você começasse pelas Escrituras em vez de pegar seu telefone primeiro.

Nossa vida muda dramaticamente quando investimos tempo na meditação da Palavra de Deus. Quanto mais percebermos e compreendermos a grandeza de Deus, mais preparados estaremos para enfrentar o que o mundo nos apresenta. Contudo, para adquirirmos esse conhecimento, é necessário ler a Bíblia. Quando nos aproximamos da Palavra de Deus com expectativa e preparados para nos encontrar com o Senhor, nós o acharemos de uma forma totalmente nova.

Somos lembrados em Jeremias 29:13: "Vocês me procurarão e me acharão quando me procurarem de todo o coração."

Infelizmente, muitos de nós não lemos a Bíblia. A empresa Barna, que pesquisa regularmente segmentos religiosos da população, realizou um estudo em 2018 que revelou que apenas 48% dos entrevistados eram leitores da Bíblia. Menos da metade dos entrevistados liam, ouviam ou se envolviam com algum conteúdo bíblico fora do culto. Analisando ainda mais as estatísticas, o Barna Group descobriu que 8% leem a Bíblia de três a quatro vezes por ano, 6% uma vez por mês, 8% uma vez por semana, 13% várias vezes por semana e 14% diariamente.[1]

Para mim, aqueles que leem as Escrituras de modo consistente e regular (diariamente ou várias vezes por semana) são saudáveis. Com base nessa pesquisa, apenas um quarto dos cristãos nos Estados Unidos estão realmente envolvidos com a Bíblia como deveriam.

Por que considero somente essas pessoas saudáveis? Por que não as que leem a Bíblia uma vez por semana ou talvez uma vez por mês?

Você sobreviveria comendo apenas uma refeição por semana? Com certeza não seria capaz de funcionar corretamente. Não pensaria com clareza. Se precisasse lutar para proteger sua família, não teria forças. Assim como o alimento físico nutre nosso corpo, a Palavra de Deus nutre nosso espírito, aumentando nossa capacidade de ouvir a Deus.

A leitura da Palavra de Deus não deveria ser apenas uma obrigação religiosa. Precisamos ler a Palavra de Deus porque nela e por meio dela encontramos Jesus, que é a Palavra da Verdade e a fonte de nossa vida. Tenha como ambição e prática conhecer a Deus por meio da Palavra, e você estará preparado para tudo o que a vida lhe apresentar.

Prepare-se diariamente

*Querido Senhor,
Ajuda-me a abrir a Bíblia para que eu possa buscar ao Senhor de todo o coração. Ajuda-me a me aproximar de sua Palavra com expectativa e pronto para me encontrar contigo. Prepara-me todos os dias. Em nome de Jesus, amém.*

DIA 45

Contemple a grandeza de Deus

A sua grandeza é insondável.
CF. SALMOS 145:3

Pense no nascer do sol. Consegue se imaginar tentando pintar o céu todas as manhãs com aquela paleta de cores e aqueles padrões de nuvens? Não apenas todas as manhãs, mas todos os momentos do dia são uma oportunidade de contemplarmos a grandeza de Deus. Toda a criação declara a glória do Criador.

Quanto mais compreendemos a grandeza de Deus, mais nosso santo temor aumenta.

A glória de Deus está além da compreensão. É insondável, não tem fronteiras nem limitações e é incomparável. Mesmo assim, quando buscamos aumentar nossa compreensão sobre a grandeza do Senhor, crescemos em santo temor e, consequentemente, em coragem. As Escrituras estão repletas de exemplos de pessoas que proclamam a grandeza de Deus.

O profeta Isaías, ao ser transportado para o céu e ver o Senhor sentado no trono, ouviu os anjos clamarem: "Santo, santo, santo é o Senhor dos Exércitos; a terra inteira está cheia da sua glória" (cf. Isaías 6:3).

Eles clamavam tão alto que abalaram a arena no céu que acomoda mais de um bilhão de seres celestiais.

Ezequiel viu o Senhor e escreveu: "Esta era a aparência da figura da glória do Senhor. Quando a vi, prostrei-me com o rosto em terra e ouvi a voz de alguém que falava" (cf. Ezequiel 1:28).

Quando Abraão viu Deus, "prostrou-se com o rosto em terra" cf. Gênesis 17:3). E, depois que Deus se manifestou gloriosamente no Sinai, "Moisés disse: 'Estou trêmulo de medo!'" (cf. Hebreus 12:21).

O apóstolo João, aquele que Jesus amava, escreveu sobre seu encontro com nosso Jesus glorificado: "Quando o vi, caí aos seus pés como morto [...]" (Apocalipse 1:17).

Como você vê a grandeza de Deus? Qual é a sua postura? Fica maravilhado ou não dá o devido valor?

É fácil se preocupar com o ataque de informações sobre a grandeza do homem que preenche nossa mente o tempo todo. Nosso santo temor foi prejudicado pelo sistema mundial de desejo, conquista e orgulho das realizações humanas. Somos continuamente bombardeados pelo brilho e glamour de atletas renomados, de artistas da televisão e do cinema, de músicos talentosos, de gurus empresariais, de líderes carismáticos e de outras personalidades importantes.

Tudo isso nos impede de receber o magnífico convite de nos aproximar e contemplar a Deus.

Reserve um tempo hoje para fazer uma pausa e contemplar a magnificência dele. Com isso, você se sentirá enriquecido, fortalecido e em paz.

Contemple a grandeza de Deus

Querido Pai celestial,
Peço que me revele uma visão renovada de Jesus. Ajuda-me a ser conforme Aquele que criou o universo para que eu possa contemplar a tua grandeza. Que meu santo temor aumente à medida que tua glória se torna mais real. É o que peço em nome de Jesus, amém.

DIA 46

Viva o que você canta

Bem-aventurado o povo que aprendeu a aclamar-te,
Senhor, e que anda na luz da tua presença!

SALMOS 89:15

O que vem à sua mente ao ouvir a palavra *adoração*? As músicas cantadas na igreja? Para você o louvor são as músicas rápidas e a adoração são as músicas lentas? Você pensa no grupo de louvor da igreja?

Adoração não se trata de uma música, mas sim de obediência.

A adoração é mencionada na Bíblia pela primeira vez quando Abraão disse aos servos que ele e Isaque estavam indo adorar no monte. Mas, se você conhece a história, sabe que ele não ia lá com o filho para cantar músicas lentas! Ele estava obedecendo ao mandamento de Deus sobre sacrificar Isaque.

Mais do que nossos hinos, Deus quer o nosso coração. Deus não quer nossas músicas modernas; ele quer nosso espírito em entrega.

Ao longo dos anos, estive em igrejas com cultos de adoração incríveis: centenas ou milhares de cristãos reunidos, com excelentes grupos de louvor formados por músicos e cantores talentosos. No entanto, mesmo que os cultos sejam inovadores e cheios de tecnologia e ainda

Viva o que você canta

que o evento seja criativo e divertido, sem presença de Deus, falta o elemento mais importante.

A verdadeira adoração se revela quando *obedecemos* a alguém, não quando cantamos para alguém. E, se nossa vida na segunda-feira não reflete o que cantamos no domingo, existe algo muito errado.

Uma vida de obediência significa adoração, e dessa vida devem fluir canções que agradam o coração de Deus. Adorar a Deus em verdade não vem de nossa boca, mas de nosso coração. Adorar significa temê-lo e reverenciá-lo no sentido mais verdadeiro.

Lembre-se hoje do que o salmista disse: "Bem-aventurado o povo que aprendeu a aclamar-te, Senhor, e que anda na luz da tua presença!" (Salmos 89:15).

Querido Pai celestial,
Perdoa-me quando minha adoração acontece apenas no domingo. Ajuda-me a levar uma vida de adoração. Ajuda-me a obedecer ao Senhor de maneira constante, para que eu possa te conhecer intimamente à medida que o Senhor se revela a mim. Em nome de Jesus, amém.

DIA 47

Alegria e contentamento

Assim, meus amados, [...] ponham em ação a salvação de vocês com temor e tremor, pois é Deus quem produz em vocês tanto o querer quanto o realizar, de acordo com a boa vontade dele. Façam tudo sem murmurações nem discussões.

FILIPENSES 2:12-14

Você ouviu falar de um grande pastor que tinha uma igreja com 3 milhões de pessoas, mas apenas *dois* adultos da congregação cumpriram o próprio destino? Parece brincadeira, mas foi exatamente o que aconteceu com Moisés e os filhos de Israel: apenas Josué e Calebe tiveram permissão para entrar na Terra Prometida (cf. Números 13). Uma das razões para isso foram as reclamações dos israelitas.

Talvez você nunca tenha prestado atenção aos cinco pecados que impediram Israel de seguir seu destino: desejar coisas malignas, adorar ídolos, cometer imoralidade sexual, testar a Deus e reclamar (cf. 1Coríntios 10:6-10).

Alegria e contentamento

Se você for como eu, poderá pensar: "O quê? Reclamar? Como a reclamação pode ser incluída na lista desses outros pecados gravíssimos?"

No entanto, o Espírito Santo me convenceu: "John, reclamar é um pecado grave aos meus olhos." Ele me mostrou que, quando reclamo, basicamente estou dizendo: "Deus, não gosto do que tu estás fazendo na minha vida e, se eu fosse o Senhor, faria tudo diferente."

O Espírito Santo me disse: "É uma afronta ao meu caráter. É uma rebelião à minha vontade e uma imensa falta de santo temor."

Os filhos de Israel murmuravam constantemente. Eles estavam descontentes com a maneira como estavam sendo conduzidos e com o que estava acontecendo na vida deles. Culpavam a Deus pelo desconforto, pela escassez e por qualquer outra coisa que não fosse gratificante. Eles não tinham o santo temor; não tremiam diante da Palavra.

Deus lhes disse: "Uma vez que vocês não serviram com júbilo e alegria ao Senhor, o seu Deus, na época da prosperidade, então, em meio à fome e à sede, em nudez e pobreza extrema, vocês servirão aos inimigos [...]" (Deuteronômio 28:47-48).

A única pessoa que pode afastar você da vontade de Deus — do cumprimento de seu destino — é você mesmo. Nenhum homem ou mulher, nenhuma criança, nenhum demônio, nenhuma instituição... somente você pode fazê-lo. Os irmãos de José tentaram destruir o sonho dele, mas o chamado de Deus continuou intacto porque José temeu e teve fé no Senhor. Embora tenha sofrido dificuldades, nunca vemos qualquer evidência de uma reclamação da parte dele.

A reclamação é destruidora. Ela causará um curto-circuito na vida que Deus tem para você mais rapidamente do que qualquer outra coisa! Reclamar é a antítese do santo temor. Desonramos a Deus e a Palavra quando pensamos ou falamos com uma postura de descontentamento.

Tremer diante da Palavra de Deus implica alegria e contentamento no âmago de nosso ser. Se não houver, será apenas uma questão de tempo até que as circunstâncias revelem a ausência de alegria e gratidão.

Querido Pai celestial,
Perdoa-me pelas vezes em que reclamei, murmurei ou resmunguei. Ajuda-me a estar em paz e a me contentar com tudo o que o Senhor está fazendo em minha vida. Eu escolho te seguir com dedicação para cumprir teu destino para mim. Escolho fazer isso com uma atitude de alegria e gratidão. Em nome de Jesus, amém.

DIA 48

Maravilhe-se na presença de Deus

> Portanto, já que estamos recebendo um reino inabalável, sejamos agradecidos e, assim, adoremos a Deus de modo aceitável, com reverência e temor, pois o nosso "Deus é fogo consumidor".
>
> HEBREUS 12:28-29

Eu tinha muita dificuldade de entrar na presença de Deus nos momentos de oração, mas um dia comecei a fazer algo praticamente por acaso. Decidi não começar meu momento de oração cantando nem proferindo alguma palavra, apenas pensava na grandiosidade e na santidade de nosso Deus.

"O Senhor mediu o universo com a palma da tua mão. Do polegar ao mindinho, pesaste as montanhas. Mediste cada gota de água do planeta na palma de tuas mãos. Colocaste as estrelas em suas órbitas com teus dedos e chamaste cada uma delas pelo nome.

"Deus, o Senhor é maravilhoso!"

Fui recebido na presença dele quase imediatamente. Eu não esperava que isso fosse acontecer e fiquei surpreso. Decidi fazer a mesma

Maravilhe-se na presença de Deus

coisa no dia seguinte e tive o mesmo resultado. E, no terceiro dia, aconteceu de novo.

Fiquei perplexo e orei: "Senhor, por que, nos últimos três dias, foi tão fácil entrar em tua presença?"

O Espírito de Deus me lembrou de como Jesus ensinou seus discípulos a orarem com a oração do Pai-Nosso: "Pai nosso, que estás nos céus! Santificado seja o teu nome."

Eu gritei: "É isso! Jesus ensinou os discípulos a entrarem na presença de Deus com santa admiração e reverência!" Então fez total sentido para mim. Entramos na presença de Deus por meio da reverência, da santa e maravilhosa reverência.

Depois, este decreto se tornou mais real para mim: "Aos que de mim se aproximam, santo me mostrarei" (cf. Levítico 10:3). Sei que é um decreto eterno, que sempre existiu e sempre existirá.

Você reverencia a Deus quando entra em sua presença, tanto em oração, como em um grupo pequeno ou na igreja?

Honra a Deus pela maneira como vive?

As coisas que são importantes para Deus são importantes para você?

Segue o coração dele e ama o que ele ama?

Despreza o que Deus despreza?

Reflete sobre quem ele realmente é: aquele a quem você chama de "Pai"?

Querido Pai glorioso e majestoso, Santificado é o teu nome. O Senhor é admirável! O Senhor é maravilhoso! O Senhor é santo! Perdoa-me pelas vezes em que menosprezei tua presença. Quero ter consciência e respeitar tua presença, não importa onde eu esteja ou o que esteja fazendo. Quero viver com respeito reverente a ti em todos os momentos. É o que peço em nome de Jesus, amém.

DIA 49

Busque a amizade de Deus

Aproximem-se de Deus, e ele se aproximará de vocês!
CF. TIAGO 4:8

Quando foi a última vez que você conversou com seu melhor amigo ou lhe enviou uma mensagem? Se você é como eu, seu melhor amigo é uma pessoa com quem você compartilha detalhes importantes e os segredos mais íntimos. Vocês se comunicam com frequência e compartilham coisas que não compartilhariam com mais ninguém.

Deus quer ter um relacionamento íntimo com você. Em Salmos 25:14, lemos: "O Senhor confia os seus *segredos* aos que o temem e os leva a conhecer a sua aliança."

A palavra hebraica para "segredo" é *sôd* e é definida como "conselho". Deus concede seu conselho secreto, isto é, compartilha seus segredos, com os amigos íntimos. Mas Deus não é amigo de todos, apenas daqueles que o temem.

É fácil falar sobre Deus como se tivéssemos intimidade com ele. Conheço pessoas que podem me contar fatos e detalhes da vida de uma celebridade, mas isso não significa que sejam amigas.

O mesmo acontece com Deus. Podemos assistir aos cultos da igreja, liderar grupos de jovens e ler a Bíblia diariamente, mas isso não garante uma amizade com o Senhor.

Deus não está procurando curtidas nas redes sociais ou amiguinhos. Ele está procurando um relacionamento íntimo com aqueles que o temem.

Como já abordamos neste livro, dois homens do Antigo Testamento são identificados como amigos de Deus: Abraão e Moisés. A vida deles exemplifica o caminho que leva à amizade com o Senhor. Eles demonstram os parâmetros impostos à amizade com Jesus, que não disse: "Todos vocês serão meus amigos se acreditarem que eu sou o Cristo." Em vez disso, Jesus disse: "Vocês são meus amigos se fizerem o que eu ordeno" (João 15:14). Tanto Abraão como Moisés, por seu santo temor, obedeceram ao que Deus lhes ordenou e tiveram uma amizade íntima com Deus.

Deus deseja profundamente estar próximo de cada um de nós, mas a verdadeira intimidade exige que ambas as partes se conheçam bem. Assim como Deus sonda nossos pensamentos mais íntimos, também devemos nos esforçar para ter uma verdadeira familiaridade com nosso Pai celestial.

Veja o que Moisés disse sobre esse nível de relacionamento:

Moisés disse ao Senhor: "Tu me ordenaste: 'Conduza este povo', mas não me permites saber quem enviarás comigo. Disseste: 'Eu o conheço pelo nome e tenho me agradado de você'. Se te agradas de mim, revela-me os teus caminhos para que eu te conheça e continue sendo agradável a ti [...]'" (Êxodo 33:12-13).

Busque a amizade de Deus

Moisés ansiava por um relacionamento profundo e íntimo com Deus.

Busque uma amizade de Deus, mas mantenha o temor e a reverência por ele em primeiro lugar. Não seja tão informal com o santo Deus nem o rebaixe ao nosso nível, tratando-o como seu Salvador e como seu amiguinho ao mesmo tempo.

Querido Pai celestial,
Hoje escolho continuar te conhecendo da maneira que o Senhor escolheu me conhecer. Ajuda-me a te conhecer por meio de tua Palavra e a passar tempo com o Senhor em oração hoje. É o que peço em nome de Jesus, amém.

DIA 50

Termine bem

Ouça, meu filho, e aceite o que digo, e você terá vida longa.
PROVÉRBIOS 4:10

"O fim das coisas é melhor que o seu início [...]."
Salomão escreveu essas palavras em Eclesiastes 7:8. Imagine o rei refletindo no fim da vida. Acredito que todos nós podemos concordar que é mais fácil identificar as armadilhas ao olhar para trás do que antes de encontrá-las. O Senhor apareceu duas vezes a Salomão e lhe mandou pedir o que quisesse. Salomão orou pedindo um coração compreensivo para poder distinguir o bem do mal. No entanto, mais tarde descobrimos que ele decidiu não perseverar e acabou se tornando um cético. Ele essencialmente disse: "Nada muda... Tudo é entediante, totalmente entediante... Não há nada de novo. É sempre a mesma coisa... Não espere que se lembrem de você."

Salomão foi o homem mais sábio que já existiu, além de Jesus. Ele sabia que "O temor do Senhor é o princípio do conhecimento [...]", como escreveu em Provérbios 1:7. Salomão alcançou alturas que nenhum ser humano chegou perto de alcançar, antes ou depois dele. Apesar de tudo isso, vacilou na última parte do reinado e da vida. E, quando finalmente olhou para trás com lamento, enfatizou o temor de Deus no final de Eclesiastes: "De tudo o que se ouviu, aqui

Termine bem

está a conclusão: Tema a Deus e obedeça aos seus mandamentos, porque isso é o essencial para o homem" (Eclesiastes 12:13).

Fica nítido que o temor de Deus consiste em terminar bem. Por isso está escrito: "O temor do Senhor é puro e dura para sempre [...]" (Salmos 19:9). Na vida cristã, chegar ao fim significa ouvir nosso Senhor nos dizer: "Muito bem, servo bom e fiel!"

Lembre-se sempre que o mais importante não é como começamos a corrida, mas como a terminamos. As Escrituras estão cheias de exemplos comoventes de pessoas que começaram bem, mas não terminaram bem.

Contudo, podemos ter grande esperança nisto: "Deus *pode* evitar que vocês caiam e pode apresentá-los sem defeito e cheios de alegria na sua gloriosa presença" (Judas v. 24, NTLH).

Terminar bem é o aspecto mais importante de viver bem. Observe que Judas disse que Deus *pode* — em outras palavras, nossa cooperação é essencial. Deus, por meio de seu dom de santo temor, *pode* nos manter fortes e sem defeitos até o fim. Deus quer nos proteger das armadilhas da vida. Ele deseja que perseveremos com fidelidade, mas devemos cooperar com sua graça para ver esse resultado.

Gosto muito da palavra *perseverança*. Esse tema é destacado no Novo Testamento. Jesus disse: "mas aquele que perseverar até o fim será salvo" (Mateus 24:13). Vemos o apóstolo Paulo falando sobre perseverança em quase todas as cartas. "Continuem alicerçados e firmes na fé, sem se afastar da esperança do evangelho que vocês ouviram e que tem sido proclamado a todos os que estão debaixo do céu. Este é o evangelho do qual eu, Paulo, me tornei ministro" (cf. Colossenses 1:23).

O cristianismo não é uma corrida *sprint*; é uma corrida de resistência. Em Hebreus 12 lemos que devemos nos livrar de todo peso que nos atrasa, sobretudo de nossos pecados. Somos instruídos:

"corramos com *perseverança* a corrida que nos é proposta" (v. 1).
Gosto muito dos versículos 2 e 3:

> nunca desistam! [...] Mantenham os olhos em Jesus, que começou e terminou a corrida de que participamos. Observem como ele fez. Porque ele jamais perdeu o alvo de vista — aquele fim jubiloso com Deus. Ele foi capaz de vencer tudo pelo caminho [...]. Quando se sentirem cansados no caminho da fé, lembrem-se da história dele, da longa lista de hostilidade que ele enfrentou. Será como uma injeção de adrenalina na alma! (A Mensagem)

Jamais perca de vista a linha de chegada. Lembre-se de que o segredo para terminar com força é ser persistente. Permaneça firme, não importa a dificuldade, o sofrimento ou o período.

Querido Pai celestial,
Concede-me força e determinação para perseverar até o fim. Enche-me com o espírito do temor a ti, para que eu possa terminar bem e glorificar ao Senhor. Em nome de Jesus, amém.

Jamais perca de vista a linha de chegada. Lembre-se de que o segredo para terminar com força é ser persistente.

Notas

Dia 3: Seguir a Cristo custe o que custar
1. Peterson, Peter M. *Andrew, Brother of Simon Peter:* His History and Legends. Leiden: Brill, 1958.
2. Foxe, John. *Foxe's Christian Martyrs of the World.* Greensburg: Barbour and Company, 1991, p. 6-7.

Dia 4: Coragem quando é necessário
1. Musurillo, Herbert. *The Acts of the Christian Martyrs.* Oxford: Oxford University Press, 1972.

Dia 7: Expulse todos os outros temores
1. Spurgeon, Charles H. *The Complete Works of C. H. Spurgeon, Volume 13: Sermons 728 to 787.* Fort Collins: Delmarva Publications, 2015, p. 308.

Dia 8: Faça o que ele ordenar
1. Taylor, Hudson. *A Retrospect.* 3. ed. Toronto: China Inland Mission, n.d., p. 119-120.
2. Gee, N. Gist. *The Educational Directory for China.* Suzhou: Educational Association of China, 1905, p. 43.
3. Borthwick, Paul. *Leading the Way.* Colorado Springs: Navpress, 1989, p. 153.

Dia 9: Busque a Palavra de Deus
1. Chaffey, Tim. "3. Unity of the Bible", Answers Magazine, 1º. de abril, 2011. Disponível em: <https://answersingenesis.org/the-word-of-god/3-unity-of-the-bible/>.

Notas

Dia 12: Proclame a verdade
1. "Biblical Commentaries: Matthew 14," StudyLight.org. Disponível em: <https://www.studylight.org/commentaries/eng/rwp/matthew-14.html>.

Dia 15: Forças para resistir
1. "Biography", International Bonhoeffer Society. Disponível em: <https://bonhoeffersociety.org/about/bonhoeffer/biography/>. Acesso em 14 de jun. de 2023.
2. Bonhoeffer, Dietrich. "After Ten Years". In: *Letters & Papers From Prison*. Nova York: Simon and Schuster, 1997, p. 11.
3. Metaxas, Eric. *Bonhoeffer:* Pastor, Martyr, Prophet, Spy. Nashville: Thomas Nelson, 2020, p. 532.

Dia 17: Cuidado com o orgulho
1. Tozer, A. W. *I Call It Heresy:* And Other Timely Topics from First Peter. Camp Hill: Wing Spread Publishers, 1991.

Dia 19: Força em tempos difíceis
1. Keckley, Elizabeth. *Behind the Scenes:* Or, Thirty Years a Slave and Four Years in the White House. Londres: Partridge and Oakey, 1868.
2. Keckley. 1868.
3. Lincoln, Abraham. *Collected Works of Abraham Lincoln*, Volume 7. New Brunswick: Rutgers University Press, 1953.

Dia 20: Supere a derrota
1. Foxe, John. *Foxe's Book of Martyrs, or, The Acts and Monuments of the Christian Church*. Filadélfia: J.B.Smith, 1856.
2. Tyndale, William. *The Works of William Tyndale*: Volume 1. Cambridge: Cambridge University Press, 1848, p. 135.
3. Foxe, John. 1856, p. 152.

Notas

Dia 25: Ore com coragem
1. Saint Augustine of Hippo. *The Confessions of Saint Augustine*, Book III. Mount Vernon: Peter Pauper Press, 1947, cap. 11.

Dia 32: Não desista
1. "William Wilberforce's 1789 Abolition Speech," Brycchancarey.com. Disponível em: <https://www.brycchancarey.com/abolition/wilberforce2.htm>. Acesso em 13 de jun. 2023.
2. Wilberforce, William. *Real Christianity*: Discerning True Faith from False Beliefs. Minneapolis: Bethany House, 1987.
3. Wilberforce. 1987.

Dia 34: Nade contra a maré
1. "Crusade City Spotlight: Chicago", Billy Graham Library, 6 fevereiro de 2013, Disponível em: <https://billygrahamlibrary.org/crusade-city-spotlight-chicago/>.

Dia 35: Passe pelo fogo
1. Bracebridge, Charles Holte; Arnaud, Henri; Bresse, Jaques. *Authentic details of the Valdenses, in Piemont and other countries*. Londres: J. Hatchard and Son, 1827.
2. McCabe Jr., James D. *Cross and Crown*: Sufferings and Triumphs of the Heroic Men and Women who Were Persecuted for the Religion of Jesus Christ. Cincinnati: National Publishing Company, 1873.

Dia 39: Medite na Palavra
1. Moody, Dwight L. *Pleasure and Profit in Bible Study*. Chicago: Moody, 2013, p. 8.
2. Cole, Arnold; Ovwigho, Pamela Caudill. "Understanding the Bible Engagement Challenge: Scientific Evidence for the Power of 4", Center for Biblical Engagement, dezembro de 2009. Disponível em: <https://bttbfiles.com/web/docs/cbe/Scientific_Evidence_for_the_Power_of_4.pdf>.

Notas

Dia 44: Prepare-se diariamente
1. "State of the Bible 2018: Seven Top Findings", Barna Group, 10 de julho de 2018. Disponível em: <https://www.barna.com/research/state-of-the-bible-2018-seven-top-findings/>.

Agradecimentos

Agradeço à HarperCollins Christian Publishing pela parceria na publicação desta obra. Sou grato ao trabalho árduo da equipe Gift, principalmente de Jennifer Gott, Kara Mannix, Sabryna Lugge, Kristen Parrish, Emily Ghattas, Kristi Smith, Lydia Eagle e MacKenzie Collier.

Um agradecimento especial a Travis Thrasher por me ajudar a compilar a devoção de cada dia. Você é um escritor e pesquisador incrível.

Agradeço à minha agente, Esther Fedorkevich, por acreditar nesta mensagem e me encorajar a escrevê-la.

Por último, meus agradecimentos a Lisa, à minha família e à equipe Messenger, que sempre me apoiaram. Amo muito cada um de vocês.

Sobre o autor

Foto cortesia do Messenger Internacional

John Bevere é um pastor conhecido por sua abordagem ousada e inflexível sobre a Palavra de Deus. Também é um autor campeão de vendas internacionais que já escreveu mais de vinte livros que venderam, ao todo, milhões de exemplares e foram traduzidos para mais de 130 idiomas.

Com a esposa, Lisa, John é cofundador da Messenger International, um ministério comprometido em revolucionar o discipulado mundial. Movido pela paixão por desenvolver seguidores de Cristo inflexíveis, a Messenger doou mais de 60 milhões de recursos traduzidos para líderes em todo o mundo. Para ampliar esses esforços, foi desenvolvido o aplicativo MessengerX, que fornece gratuitamente recursos digitais de discipulado em mais de 120 idiomas. Atualmente, o MessengerX tem usuários em mais de 20 mil cidades e mais de 235 países.

Quando John está em casa, em Franklin, Tennessee, você o encontra dando amor aos netos, jogando *pickleball* ou tentando convencer Lisa a jogar golfe.

Este livro foi impresso pela Maistype
para a Thomas Nelson Brasil em 2024.